KB174258

추락하는 대학에 날개가 있을까

추락하는 대학에 날개가 있을까

ⓒ 김창인·이동현·고준우 2019

초판 1쇄	2019년 10월 21일			
지은이	김창인·이동현·고준우			
기획	바꿈청년네트워크			
출판책임	박성규	펴낸이	이정원
편집주간	선우미정	펴낸곳	도서출판 들녘
편집진행	이동하	등록일자	1987년 12월 12일
디자인진행	김정호	등록번호	10-156
편집	박세중·이수연	주소	경기도 파주시 회동길 198
디자인	조미경	전화	031-955-7374 (대표)
마케팅	김신		031-955-7381 (편집)
경영지원	김은주·장경선	팩스	031-955-7393
제작관리	구법모	이메일	dulnyouk@dulnyouk.co.kr
물류관리	엄철용	홈페이지	www.dulnyouk.co.kr
ISBN	979-11-5925-461-1(04300)	CIP	2019039506
	979-11-5925-394-2(세트)		

이 도서의 국립중앙도서관 출판예정도서목록(CIP)은 서지정보유통지원시스템 홈페이지
(http://seoji.nl.go.kr)와 국가자료공동목록시스템(http://www.nl.go.kr/kolisnet)에서 이용하실 수 있습니다.

값은 뒤표지에 있습니다. 잘못된 책은 구입하신 곳에서 바꿔드립니다.

이 저서는 민주화운동기념사업회의 후원을 받아 저술되었습니다.

추락하는 대학에
날개가 있을까

김창인·이동현·고준우 지음

차례

여는 글
_벼랑 끝 대학을 다시 세워볼 수 있을까 … 7

대학은 기업이 아니다_김창인 … 13

- 대학기업화에 대한 단상
- 대학과 기업의 잘못된 만남
- 대학기업화의 헬조선 패치
- 대학이 돈을 버는 방법
- 그렇게 대학은 괴물이 되었다
- '좋은 대학'과 '나쁜 대학'을 가르는 기준
- 누구의 것도 아닌, 모두의 대학
- 참고문헌

학벌론_이동현 … 57

- 우리는 '학벌'을 어떻게 받아들이고 있을까
  학벌의 '폐해' | 학벌은 어떻게 유지되고 있는가
- 학벌과 학교력
  학벌? 학교력? | 학벌은 어떻게 정의되는가 | 학교력은 어떻게 정의되는가 | 학벌과 학교력은 어떻게 관계되는가
- 현대 한국의 학교력
  학교력의 내용과 구성 | 학교력의 기능 및 한계 | 정당화기제 | 재생산기제 | 학교력의 역사적 기원
- 학벌과 학교력은 어떻게 폐지될 수 있는가
  폐지를 위한 대안들 | 그래서 어떻게 폐지돼야 한다고? | 연착륙의 길

■ 학벌과 학교력의 격차를 완화할 궁극의 길은 무엇일까
■ 참고문헌

학생회의 위기를 넘어_고준우 ··· 117

■ OO대학교 총학생회 이야기
■ 학생회의 위기: 대표성과 효용성의 상실
■ 위기의 원인 : 학생운동의 퇴조
■ 어떻게 학생회를 위기에서 구할 것인가?
　혹은 왜 학생회를 위기에서 구해야 하는가?
■ [부록] 학생회에 대한 추가적인 설명

닫는 글
_대학을 바꾸기 위한 '대학'이라는 실험장 ··· 156

c

여는글
벼랑 끝 대학을 다시 세워낼 수 있을까

'대학의 위기'를 말하고자 한다. 사실 '대학의 위기'라는 화두는 꽤 오래전부터 논의된 진부한 주제다. 인문학 위기 담론을 비롯해 대학이 마땅히 수행해야 할 역할을 하지 못하는 현상, 고등교육이 아니라 취업양성소로 변모한 현실, 등록금으로 장사하는 사학재단들. 모두가 새롭기보단 익숙한 이야기들이다.

그럼에도 불구하고 여태까지 한국 사회에서 대학은 망하기는커녕, 더욱 번성해왔다. 좁은 땅덩어리에 대학은 하루가 갈수록 더 많아졌고, 등록금은 하늘 높은 줄 모르고 치솟았다. 뉴스에서 사학비리에 대한 이슈가 연일 터져도, 기업에서 대학에서 배운 것이 쓸모없다고 사원 재교육에 대한 불평을 토로해도 대학에 가고자 하는 사람은 줄어들지 않았다. 이것이 바로 대학이 가진 힘이었고, 이는 바로 사학재단의 권력으로 수렴되었다.

역설적으로 '대학의 위기'는 대학과는 무관할지도 모른다. 오히려 대학을 기반으로 국가와 시장으로부터 독립된 학문적 연구를 하고 싶었던 사람들, 대학의 정치성을 회복하여 사회의 정의를 말하고 싶었던 사람들의 처지가 위기일 수도 있다.

이와 무관하게 대학은 늘 건재했다. 그러나 오늘날 대학은 진정한 위기에 당면했다. 줄어드는 학령인구라는 시기적 현황에서, 대학은 자신들끼리의 경쟁에서 살아남지 않으면 도태되어버릴 것이다. 말 그대로 '대학의 위기'가 찾아온 것이다.

우리는 이러한 대학의 두 가지 위기가 중첩되는 시기에 '지속 가능한 대학'에 대해 질문하려 한다. 대학의 목적과 역할에 대한 위기와 대학의 존립에 대한 위기는 연결되어 있다. 학령인구 감소라는 현재 조건에서 대학이 겪고 있는 위기는 대학이 대학답지 못한 그 내용의 부재로부터 출발하고 있다는 것이다. 이는 오랫동안 고등교육에 대한 성찰과 고민 없이 진행되어온 대학 정책의 결과물이다. 돌이켜보면 당연한 일이기도 하다. 고등졸업자의 80퍼센트 이상이 대학에 진학할 정도로 교육에 대한 열의가 높은 나라지만, 정작 대학 그 자체에 대한 고민과 성찰은 놀랍게도 부족하다. 한국 사회에서는 입시의 종착점으로서의 대학, 그리고 취업의 포문을 여는 출발점으로서 대학 이외의 대학이 무엇이어야 하는지에 대한 논의는 사실상 배제되었다.

그러나 대학은 언제나 시대에 따라 그 모습과 역할을 달리하며 변했다. 그 과정에서 성장하면서 시대에 요구에 부응해왔다. 그리고 대학은 다시 한 번 새로운 모습으로 탈바꿈되어야 하는 시기를 맞이한 것이다. 현 시기 대학은 벼랑 끝에 서 있다. 한 발짝만 헛딛어도 낭떠러지로 떨어질 판국이다. 이에 우리는 한국 대학의 현실을 되짚어보고, 그 대안에 대해서 말하고자 한다.

먼저 김창인은 대학기업화에 대한 문제의식을 자신의 경험을 바탕으로 풀어낸다. 대학과 기업의 불안한 동거를 대학의 역사를 통해 살피고, 해방 이후부터 들어선 한국 대학의 설립 과정을 추적하여 한국형 대학기업화의 뿌리를 찾고자 한다. 또한 비영리 교육기관인 대학이 어떻게 이윤을 추구하는지, 그 과정에서 교육이라는 본연의 역할은 어떻게 망가지고 있는 지 살펴본다. 그리고 이러한 대학기업화와 맞서 싸우고 있는 학생들의 에피소드를 통해, 자본에 포섭된 대학이 어떤 괴물이 되었는지에 대해 낱낱이 고발한다. 대안으로는 공공재로서의 교육을 제시하며, 사유화할 수 없는 대학을 말하고 있다.

이동현은 학벌론에 대해서 다룬다. '학벌주의'라고 단순화되어 제기되는 한국 대학의 근본적인 병폐에 대해서 분석적으로 파고든다. 학벌이 무엇이며, 왜 문제이고, 어떻게 해결할 수 있는지 차근차근 짚어간다. 또한 인적 네트워크로 기능하는 학벌과 사회적 상징으로 작용하는 학교력을 구분하고, 이들이 형성되어온 과정을 통해 학벌론을 총체적으로 정리한다. 단순히 '학벌주의가 불공정하기 때문에 문제이다'라는 관점을 넘어, 능력주의의 산물로서 학벌에 대한 문제의식을 제기하며 그 한계를 지적하고 있다.

고준우는 대학 내 학생들의 대표기구인 학생회를 통해 학생정치를 주제로 논한다. 최근 들어 동시다발적으로 어려움에 빠진 각 대학의 총학생회의 현실을 통해, 무엇이 학생회를 위기로 몰았으며, 이러한 위기를 극복해야 하는 이유와 대안에 대해서 말하고 있다. 대학 내 탈정치화의 흐름을 학생회가 가진 대표성과 효용성이 약화되면서 그 조직의 정치적 주체가 흔들리고 있는 현실로 분석하고, 그 배경으로는 학생운동의 퇴조를 제시한다. 이에 정치적 갈등을 표현해줄 양식이 부재해진 대학에서 학생정치를 어떻게 하면 복원할 수 있을지에 대한 대안 또한 제안하고 있다.

우리는 위 세 편의 글을 통해 현재 한국 대학이 벼랑 끝에 서 있으며, 이를 다시 세워야 한다고 말하고자 한다. 안타깝게도 촛불 정부라는 문재인 정권이 등장한 이후에도 고등교육의 문제는 여전히 방치 상태다. 박근혜 정부가 대학을 시장중심 가치로 개편하고자 했다면, 문재인 정부는 말 그대로 대학을 시장에 방치해버렸다. 이러한 현실에서 대학의 지속 가능성을 고민해야 하는 것은 정부나 사학재단이 아니라, 다시

제일 처음 대학의 위기를 고민했던 사람들의 몫으로 남겨졌다. 이 책이 그러한 사람들과 함께 더 나은 대학을 논할 수 있는 한 줌의 보탬이 되었으면 좋겠다.

2019년 10월

김창인

대학은 기업이 아니다

_김창인

대학기업화에 대한 단상

스무 살, 갓 입학한 대학의 첫 수업은 최악이었다. '진로탐색과 자기계발'은 신입생 모두가 의무적으로 수강해야 했던 과목이었다. 수업은 매주 기업 CEO나 인사담당자들이 번갈아가며 자신들의 인생관에 대해 강의하는 방식으로 진행됐다. 강의를 들으러 온 300여 명의 문과대 새내기들에게, 강사로 온 모 기업 인사담당자는 당당하게 '전과'를 권유했다. 인문학은 미래가 없다며, 당장은 전공보다 영어 공부에 힘쓰고 반드시 전과에 성공해야 대기업에 원서를 넣을 수 있다고 말했다. 술 먹자는 선배들을 멀리하라는 친절한 조언도 잊지 않았다. 강의를 듣던 많은 신입생들은 적지 않게 당황하거나 불쾌해했다. 나는 다음 수업부터 그 강의를 듣지 않았다. 이것이 나의 '대학기업화'에 대한 첫인상이었다.

내가 다녔던 중앙대는 2010년대 대학기업화의 선두에 서 있다. 2008년 두산은 '형제의 난' 이후 악화된 기업의 이미지 회복을 위해 (겉으로는 대기업의 사회적 책무를 다하기 위해) 중앙대를 인수했다. 두산은 "중앙대라는 이름만 빼고 모두 다 바꾸겠다"며 대대적인 개혁을 예고했다. 이사장이었던 박용성 회장은 "솔직히 말하면 자본주의 논리가 어딜 가나 통한다는 걸 느꼈다"며 기업이 말하는 개혁이 어떤 방향성인지, 그 속내를 감추지 않았다. 10년 후, 박용성 이사장은 재단의 폭거에 반발하는 교수들에게 "가장 고통스러운 방법으로 목을 쳐주겠다"는 막말 파문으로 일선에서 물러났다. 대기업 재단과 환상의 호흡을 자랑했던 박범훈 총장은 뇌물수수 혐의로 감옥에 다녀왔다. 그들이 개혁이라고 부르던 10년의 대학 기업화 실험이 실패로 돌아간 것이다. 그리고 그 실패의 책임은 순전히 학교와 학생들에게 전가되었다.

대학은 기업을 만난 이후, 순수학문을 탄압했고 학생자치를 억압했다. 이윤이 된다면 등록금으로 땅 투기를 했고, 펀드 투자도 했다. 그사이 학교재정은 기업의 통장으로 조금씩 옮겨갔다. 이를 비판하는 교수들을 해임되었고, 그 빈자리는 비정규직 강사들이 채웠다. 청소노동자들이 정당한 임금과 노동환경을 요구하면 그들의 대자보 한 장에 100만 원씩 배상금을 청구했다.* 대학은 점차 망가져갔고, 학생들은 대학에서 배울 것을 점점 잃어갔다. 이에 대한 우려가 제기될 때마다, 재단은 "믿어라, 그럼 복이 있으라"에 다름없는 절대적인 복종만을 요구했다. 그들은 복종의 대가로 세계 일류대학

---

* 박승헌, 「중앙대, 파업 청소노동자 상대 '대자보 1건당 100만 원' 폭탄 배상 신청」, 한겨레, 2014. 1. 3.

을 약속했지만, 그마저도 좌절되었다. 학교를 운영하는 이들의 시선이 세계가 아니라 눈앞의 이윤에만 있었으니 당연한 결과다.

이러한 대학기업화 흐름은 비단 중앙대만의 문제가 아니다. 기업이 직접 운영하지 않더라도, 사학재단들은 너 나 할 것 없이 각자의 방식으로 대학을 통해 장사를 하고 있다. 지역에 분교를 설립해 땅 투기에 나서거나, 학교 건물에서 학생자치 기구를 내쫓고 상가를 임대해 임대료 수익을 얻거나, 정부의 지원금을 따내기 위해 기업의 입맛에 맞게 학과를 개편하기도 한다. 사립대뿐만이 아니다. 대한민국 최고의 대학이라는 서울대의 법인화 결정은 국립대 또한 대학기업화에서 자유로울 수 없다는 현실을 반영한다. 법인화는 국가에서 더 이상 재정을 책임지지 않을 테니, 서울대가 독립된 법인으로서 스스로 재정을 확보하라는 의미다. 이렇듯 대학기업화는 한국 대학 전체가 나아가고 있는 방향성이 되어버렸다.

대학과 기업의 잘못된 만남

〈입시명문사립 정글고등학교〉라는 웹툰이 있다. 한국 교육의 현실을 비판하고 풍자하는 만화다. 지금도 온라인 공간에서 회자되는 유명한 짤을 가지고 있기도 하다. 그중 하나는 정글고의 이사장이 "학교의 주인은 학생이 아니라 이사장인 나예요"라는 대사인데, 당시 고등학생이었던 나는 이 장면을 보고 마냥 웃기만 했다. 그러나 풍자와 해학은 현실이었다. 만화에서나 나올 법한 이 대사는 실제 많은 대학 총장이나 이사장들의 단골 멘트다. 그들은 본인이 학교의 주인이라 여기고, 이를 당당하게 말한다. 학교를 교육기관으로 보는 것이 아니라, 자신의 사유재산 혹은 돈을 벌어줄 수단으로 바라보았다. 그러나 대학의 목적이 '교육'이 아니라 '이윤창출'이라면, 학교의 내용과 성격은 완전히 달라진다. 학문·자치·공동체 등 대학의 본질적인 가치들이 훼손되기 마련이다. 어쩌다 이 지경까지 왔을까? 진리의 상아탑은 언제부터 무너지기 시작했을까?

처음부터 대학이 돈과 무관했던 것은 아니다. 아니, 사실 대학이 돈과 무관했던 적은 없다. 대학도 사회의 산물이고, 그 안에서 노동하는 교수와 임직원 들이 있고 수업과 자치활동을 위한 강의실과 인프라가 있는 만큼 재정의 확보는 중요한 요소다. 그러나 역사 속에서 대부분 대학은 필요 이상의 재정을 요구하지 않았다. 왜냐하면 국가가, 교회가, 교수가, 학생이 바라보는 대학의 목적이 모두 달랐지만, 적어도 그 목적이 '이윤추구'였던 적은 없었기 때문이다.

대학의 시초는 지금의 학교 형태라기보단, 일종의 교육 네트워크였다. 신학이나 철학을 배우고 싶어 하는 학생들이 모이고, 이들은 자신들을 가르칠 교수들을 고용했다. 그러나 외국이나 타도시에서 모인 학생들은 당시 법적인 보호를 받기 어려웠고, 이러한 문제를 해결하기 위해 스스로 학생조합을 결성했다. 그리고 학생조합은 교수 급료에 관한 사항이나 학생들이 연루된 법적인 문제, 대학의 운영 등을 다루었다. 이후 자연스럽게 교수조합 또한 결성되었다. 학생들에게 학문과 지식을 배우고 성장하려는 요구가 있었다면, 교수들은 자신의 학문적 업적을 승계할 후계가 필요했고 그래서 학생들을 함께 학문적인 성과를 성취해나갈 동료들로 대했다. 얼마 지나지 않아 대학은 사회의 지식인집단으로 자리잡았다. 교회나 국가에선 대학을 탐냈다. 성직자나 관리를 양성하는 역할을 대학이 해줄 수 있었고, 지식인집단 그 자체를 포섭할 필요도 있었다. 게다가 대학 구성원들이 특정 도시에 머물면서 생기는 경제적 이득도 상당했다. 그래서 점차 대학의 재정은 교회나 국가가 책임지는 구조로 변화했다. 근대 민족국가가 출현하게 되면서 생겨난 근대대학에선 이러한 재정지원이 더욱 당연해졌다. 국가는 학문적 발전과 성과가 곧 나라의 발전으로 이어진다고 여겼고, 대학 또한 국가가 요구하는 지식인과 교양시민을 양성하는 기관으로서 책임을 다했기 때문이다. 이처럼 대학에 대한 투자는 개개인이 아니라, 공동체를 위한 사회적 투자라는 인식이 대학의 재정지원에 대한 오래된 역사다.

대학의 역사에서 대학이 기업으로 기능할 수 있다는 사고방식은 얼마 되지 않았다. 20세기 말부터 세계를 휩쓸었던 신자유주의 광풍이 바로 그 시작이다. 신자유주의는 당시의 경제위기가 시장에 대한 정부의 적극적인 개입을 말하던 케인스주의 때문이라고 비판했다. 그리고 시장의 기능을 전면적으로 신뢰하고, 정부의 역할을 축소해야 한다고 주장했다. 동시에 금융시장을 확대하고, 세계화를 기치로 시장의 영역을 확장해나가는 것이 신자유주의의 대안이었다. 그러나 이는 일종의 기만술이었다. 그들은 겉으로 시장에 대한 통제의 완전한 폐기를 표방했지만, 실제로는 그동안 시장을 통제해왔던 정부의 기능을 무력화시켜 그 자리를 소수의 금융독점자본이 대체하도록 했다. 이를 통해 총자본의 이윤을 확대하려는 신자유주의의 본질이 드러난다.

이러한 신자유주의의 흐름 속에서, 미국은 가장 먼저 대학 기업화에 발을 뗐다. 애초에 미국식 대학은 유럽식 대학과 모델 자체가 달랐다. 유럽식 대학이 학생조합에서 출발해 교수 사회를 중심으로 한 대학으로 발전했다면, 미국식 대학은 유럽을 본뜨긴 했지만 이사회와 재단을 중심으로 한 모델로 발전했다. 재정운영에서 후원과 기부에 의존했기 때문이다. 그 유명한 하버드대도 존 하버드라는 청교도 성직자의 기부에서 출발했다. 출발 자체가 대학 구성원인 학생이나 교수가 주도한 것이 아니고, 국가라는 공공의 영역도 아니었다. 세상에 공짜가 없는 것처럼, 아무리 조건 없는 기부라 할지라도 대학의 운영엔 후원자의 입김이 작용할 수밖에 없다. 그렇게 미국식 대학은 후원을 매개로 특정 개인이나 집단의 대학 운영 개입이 쉽다는 점에서 대학기업화에 취약한 구조로 만들어졌다. 점차 국가가 재정을 책임지는 과정으로 나아간 유럽식 대학과 달리, 미국식 대학은 학생들의 등록금과 사립재단의 후원에 재정을 의존했다. 이는 대학 운영에서도 차이를 발생시킬 수밖에 없는데, 대표적으로 총장을 임명하는 방식에서 드러난다. 미국식 대학에서 총장은 교수들의 대표가 아니라, 이사회가 지명하는 일종의 CEO가 되었다.

이러던 차에 신자유주의가 몰아쳤다. 당시 서구세계는 막대한 생산량으로 풍요로운 생활을 보장하는 듯했던 자본주의 황금기가 끝나고, 저성장과 경제위기에 시달리고 있었다. 자본주의 시스템은 끊임없이 새로운 상품을 개발하고, 새로운 시장을 창출하는 것이 본질이다. 세계대전 이후 전쟁을 통한 식민지 개척이 금기시되면서 시장은 한정되고 독점기업이 그 시장을 장악하면서 경쟁 또한 불가능해졌다. 게다가 방만한 정부의 재정 운영으로 국가의 빚만 쌓였고, 이러한 만성적인 정부재정적자에 국민은 불만을 토로했다. 막다른 골목에 몰린 자본주의는 신자유주의라는 새로운 카드를 꺼냈다. 신자유주의가 제시하는 대안은 간단명료했다. 먼저 최소비용으로 최대효과를 노리는 효율성의 개념을 강조했다. 기업들은 일제히 저임금과 비정규직화, 정리해고를 통해 비용을 감축했다. 자본의 이윤율이 하락하면, 그만큼 노동자들을 더 많이 착취하면 된다는 논리였다. 정부 또한 비용감축에 나섰다. 재정적자감소를 위해 공공부문들을 민영화하기 시작했다. 전기, 수도, 철도, 교육, 의료 등 국민들의 안정적인 생활을 위해 꼭 필요한 공공재들마저 시장에 맡겼다. 이는 정부의 재정적자감소 이외에도 다른 효과를 낳았는데, 바로 새로운 상품과 시장의 창출이 가능해졌다는 것이다. 기업들은 민영화된 공공부문들을 독점하여 자신들이 해고한 노동자들에게 강매했다. 교육 또한 예외가 될 순 없었다.

한국에서도 대학은 그 자체로 상품이 되었다. 대학은 학위와 졸업장을 팔았고, 어느 졸업장이 더 비싼지는 대학평가순위로 결정되었다. 정부의 재정지원이 감소하자 대학은 스스로 돈을 벌어야 했다. 학생 정원수를 늘리고 등록금도 올렸다. 수업당 교원 수를 줄이면서 비정규직 강사를 채용했고, 청소노동자들은 직고용이 아니라 하청업체로 고용하면서 비용을 감소시켰다. 대학 건물을 이용해 상가임대사업 등 각종 수익사업을 하기도 하고, 종국에는 대학 자체를 사고팔기도 했다. 대표적인 예시로는 중앙대가 있다. 2008년 중앙대를 인수한 두산그룹은 인수 10년 만에 이를 다시 매각하려는 움직임을 보이고 있다.* 두산은 중앙대 인수 이후, 새 건물 올리기에 전력을 쏟아부었고 이를 통해 중앙대라는 대학기관의 값어치를 올려놓았다. 그리고 이쯤하면 충분하다고 생각되니 다시 더 비싼 값에 되파는, 남는 장사에 눈을 돌리고 있는 것이다. 이는 헐값에 상품을 구매하고, 여기에 일정 부분 노동을 투자하여 상품 가치를 향상시켜 더 비싼 값에 상품을 판매하는

---

* 한용수, 「두산그룹, 중앙대서 손 떼나… 매각설 솔솔」, 메트로, 2019. 3. 24.

상품경제의 기본적인 메커니즘에 정확히 일치하는 행위다. 물론 법률상으로 한국은 대학이 비영리 기관이기 때문에 사고파는 것이 불가능하다. 하지만 실질적인 장사는 이미 충분히 가능하다.

　대학기업화의 과정에서 가장 큰 피해는 학생과 대학 노동자들이 감수해야 한다. 그러나 강의의 질이 떨어지고, 대학 노동자들이 착취당하는 문제는 국가도 대학도 누구도 신경쓰지 않았다. 그들은 단지 시대가 변했을 뿐이라는 대답만 반복할 뿐이다. 이렇게 대학은 기업이 되었다.

대학기업화의 헬조선 패치

대학기업화는 크게 세 가지 측면으로 요약된다. 하나는 대학이 기업처럼 이윤을 창출하는 목적을 가진다는 것이고, 두 번째는 대학을 사유재산으로 소유할 수 있는 개념으로 상정하는 것, 마지막은 대학을 기업이 요구하는 자본주의형 인간을 양성하는 기관으로 만든다는 것이다. 이 세 가지는 뚜렷하게 분리하기 어려울 만큼, 서로 교묘하게 결합되어 있다. 예를 들어 대학을 사유재산으로 인정하면, 대학을 기업처럼 이윤 창출이 목적인 기관처럼 만들 수 있는 단초가 제공된다. 혹은 대학을 자본주의형 인간을 양성하는 기관으로 바라보는 관점 자체가 대학기업화의 시작이 될 수 있다.

한국 사회에서 대학은 오랫동안 제도권에 대한 저항의 상징이었다. 그래서 대학기업화에 대한 사회의 정서적 반감이 더 강할 수 있다. 그러나 반대로, 한국 사회에서 대학은 애초에 탄생부터 기득권의 사유재산으로 기능했다. 이는 대학기업화가 가속화될 수 있는 조건으로 인식할 수 있다. 한국 대학의 역사는 겉으로는 복잡해 보이지만, 그 실체는 단순하다. 한국 대학사는 사학족벌들이 대학을 실질적 사유재산으로 소유하는 과정이며, 결국 "대학의 주인이 누구인가?"라는 문제의식으로 귀결된다.

한국의 근대대학은 외국으로부터 이식되었다. 최초의 '근대대학'이라는 타이틀마저 안타깝게도 식민제국대학이었던 경성제국대학의 것이다. 경성제국대학은 조선에 거주하는 일본인들을 위한, 식민통치를 전제로 한 교육기관이었다. 이 외의 외국인 선교사들을 중심으로 한 기독교적 가치관으로 설립한 대학, 독립과 해방을 기치로 설립한 민족대학 등이 있었지만 그들은 일제의 폭압에 제대로 된 교육기관으로 자리를 잡기가 어려웠다. 그래서 본격적인 한국 대학사는 일제로부터 해방 이후에 시작한다. 미군정기 남한 지역 교육의 책임자는 라카드 대위였다. 그는 당연히 조선의 교육 현실에 대해서 무지했고, 조선인 조력자들을 필요로 했다. 이런 그가 선택한 사람들이 바로 '천연동모임'이다. 천연동모임은 김성수(고려대학교 설립자), 김활란(이화여대 초대 총장), 백낙준(연세대 총장, 문교부 장관), 오천석(경희대, 상명여대, 덕성여대 이사) 등으로 구성되었다. 이들은 천연동에 있는 김활란의 친구 집에서 교육 문제에 대해 사적 모임을 가지곤 했는데, 그런 그들이 조선 교육의 미래를 설계하는 역할을 맡게 된 것이다. 천연동모임은 미군정의 비호 아래, 우익적이고 사학 중심의 교육정책을 만들어내는 데 큰 영향을 끼친다. 라카드 대위는 당시 고등교육재정의 90퍼센트를 서울대에, 나머지 10퍼센트의 90퍼센트를 연세대와 고려대에 지원했다. 학벌질서는 생겨날 수밖에 없었고, SKY를 제외한 대학들은 사학재단을 중심으로 독자적으로 설립되었다.

문제는 해방 이후 대학의 설립이 우익적 고등교육체제를 만들어냈다는 것을 넘어서, 친일부역자들에게 해방 이후에도 정당하게 자기 재산을 보존할 수 있는 방법 중 하나로 인식되었다는 것이다. 이승만은 자기가 대통령이 되는 것 말고는 관심이 없는 인사였다. 당시 그는 빈약했던 자신의 정치적 지지기반을 만드는 것에 급급했다. 그래서 특정한 정책적 방향을 가지기보단, 자신의 지지 세력들이 원하는 정책을 시행하는 방식으로 정치를 했다. 고등교육정책에 대해서도 별 관심이 없었고, 자신의 지지 세력들이 요구하는 방향성을 절대적으로 지지했다. 이승만의 중심 지지 세력이었던 친일부역자들은 사학재단을 설립했고, 이를 통해 자신들이 친일을 통해 축적한 부를 유지하려 했다. 시작부터 한국의 대학은 사유재산으로 기능했던 것이다.

이렇게 생겨난 헬조선 특유의 사학족벌들은 대대손손 대학을 친족들끼리 상속해가며 부와 명예를 누렸다. 이사회는 명절 친지모임이나 다름없었다. 21세기에 들어서도 마찬가지다. 한 사례로 청주대 전 총장 김윤배는 그 아버지가 총장이었고, 그 아들도 청주대 학생이었다. 아마 김윤배의 부정과 비리에 대한 투쟁이 없었다면, 그 아들이 이어 총장이 되었을 것이라고 학내 구성원들은 입을 모아 말한다. 청주대뿐만 아니다. 상지대 전 이사장이자 전 총장인 김문기는 대학 안에서 왕처럼 군림했다. 그는 학생들을 대상으로 『상지정신(부제: 김문기 선생의 철학)』이라는 교재를 통해 인성교육을 하는 우상화 교육까지 시행했다.

교수들은 대학에서 살아남기 위해, 이러한 사학재단에 충성해야 했다. 학생들은 졸업장을 따내기 위해 막대한 등록금을 부담해야 했다. 이렇게 사학족벌들은 아무것도 하지 않은 채, 그저 학생들에게 등록금을 받아 교수들에게 월급을 주면서, 대학을 자신들의 왕국으로 만드는 기이한 사학구조를 탄생시켰다.

이렇게 철저하게 대학이 사학족벌들의 사유재산으로 그 역할을 하는 동안, 한국에도 신자유주의가 들이닥쳤다. 당시 김영삼 정부는 석유가 없는 대한민국에서 유일한 자원은 인적자원이며, 따라서 대학 경쟁력이 곧 국가 경쟁력과 직결된다고 말했다. 1995년 문민정부는 '5·31 교육개혁'을 발표했다. 내용인즉슨, 대학 경쟁력을 위해 대학을 마구 늘려서 서로 경쟁하게 하면 대학 경쟁력이 생기고, 국가 경쟁력도 생긴다는 초보적인 발상이었다. 여기서 핵심은 대학설립 준칙주의인데, 대학을 설립하는 요건을 완화하여 누구나 쉽게 대학을 설립할 수 있게 한다는 것이다. 그리고 이렇게 대학들이 서로 경쟁하면 순위를 매기고, 등수에 따라 정부가 재정을 차등적으로 지원하겠다는 내용이다. 이러한 대학설립 준칙주의에 의해, 1990년에서 1994년까지 접수된 설립 신청만 무려 373건에 달한다. 당시 정부는 이를 "신교육체제"라고 불렀지만, 실상은 대학 숫자를 늘리고, 대학별 정원도 늘려, 대학들이 서로 좋은 평가순위를 얻기 위해(다른 말로 바꾸면 돈을 벌기 위해) 경쟁하라는 뜻이다. 5·31 교육체제로 인해, 한국 고등교육에는 시장논리가 전면적으로 흡수되었다. 그들은 대학에 국제화와 실용화, 효율성의 잣대를 들이대며 이것이 새로운 교육의 흐름이라고 말했다. 하지만 5·31 교육체제의 도입이 20년이 지난 지금, 대학은 기업의 포로 그 이상도 이하도 아니게 되었다.

대학에 시장이 개입할 여지가 생기자, 기업들은 직접 대학을 소유하고자 하는 욕심을 드러냈다. 현대는 울산대, 대우는 아주대, 대한항공은 인하대와 항공대를 인수하는 등 기업들은 대학에 진입했다. 기업 입장에서 대학은 이미지 개선에 도움이 될뿐더러, 교수와 대학원생이라는 인프라를 저렴한 비용으로 고용하여 기업을 위한 연구를 시킬 수도 있다. 종합병원이 있는 병원이면 재정 확보에 더욱 도움이 되고, 기업에 고용할 예비사원들을 위한 교육기관으로 만들 수도 있다. 2017년 이름이 바뀌기 전까지 존속했던 성균관대의 휴대폰학과는 대기업의 하청으로 대학을 운영한 대표적인 사례다. 성균관대는 휴대폰학과 학생들의 등록금을 면제했고, 석박사 과정에선 장학금을 지원했다. 그리고 졸업 후 이들은 대다수 삼성전자에 취직했다. 그야말로 삼성의 예비사원을 키운다는 관점으로 대학을 운영했던 것이다.

직접 기업이 대학을 인수하여 운영하지 않더라도, 대학 스스로가 기업처럼 되고자 하는 경향도 갈수록 뚜렷해졌다. 대학은 막대한 후원금을 내는 프리미엄 고객들을 위해 서비스를 제공하기도 한다. 고려대는 기부자들을 위해 '명예의 전당'을 만들어 기부 금액별로 등급을 나눈다. 100억 원 이상은 크림슨 다이아몬드 클럽, 50억 원 이상은 크림슨 프리미엄 클럽, 그 외에도 10억 원 이상 기부에는 크림슨 플래티넘, 1억 원 기부에는 크림슨 골드로 나누어 후원자와 금액을 전시한다. 자본을 향한 대학의 구애가 눈물겨울 지경이다.

대학이 돈을 버는 방법

다행히 한국은 아직까지 교육기관 영리화가 법적으로 금지되어 있는 나라다. 덕분에 대학들은 수익사업을 하더라도 건물 신축사업·임대사업 등 '꼼수'를 써야만 한다. 그러나 이러한 '꼼수'도 만만치가 않다. 자본논리에 종속된 대학은 무슨 짓이든 할 수 있는 것처럼 보이기까지 한다.

2018년 10월, 중앙대가 10년 동안 2800억 원 규모의 건물 신축 공사를 두산건설에 몰아주었다는 기사가 떴다. 그들은 경쟁입찰 없이 수의로 계약을 진행했다. 겉으로는 학생들을 위해 새로운 건물을 지어준다고 말하면서, 뒤로는 중앙대학교 법인의 돈을 두산건설로 옮긴 셈이다. 두산건설이 재정적 위기를 겪고 있다는 것은 공공연한 사실이다. 이런 상황에서 두산재단은 학교 운동장을 밀어버리고 대학 단일 건물로는 아시아 최대 규모라는 100주년 기념관을 지으면서, 막대한 건설 비용을 자신들이 가져갔다. 이 정도는 놀라운 것도 아니다.

두산이 처음 중앙대를 인수하고 처음 세운 계획은 이른바 '쓰리 캠퍼스'라는 멀티캠퍼스 프로젝트였다. 멀티캠퍼스는 대학을 한 지역이 아니라, 여러 지역에 설립하는 것을 말한다. 당시 중앙대는 흑석에 본 교정을 가지고 있고, 안성에 분교를 운영했다. 그런데 두산은 뜬금없이 안성교정을 팔아버리고, 하남과 검단에 캠퍼스를 두 개나 새로 짓겠다는 포부를 밝혔다. 많은 대학 구성원들이 당황했다. 새로 캠퍼스를 짓는 비용은 누가 댈 것이며, 안성캠퍼스의 처분 또한 쉬울 리가 없었다. 그러나 학교본부는 막무가내였다. "이사장님의 육영 의지를 믿어달라"는 강력한 호소로 학내 반발을 진압했다. 그러나 우려는 현실이 되었다. 지방선거 이후 하남시장이 교체되자, 하남시는 중앙대의 캠퍼스 설립을 거부했다. 중앙대와 검단시가 힘을 모아 땅 투기를 해서 재정을 확보할 계획이었는데, 이마저도 실패했다. 애초에 대학과 지자체가 앞장서서 땅투기를 통해 돈을 벌겠다는 계획 자체가 문제였다.

무엇보다 가장 큰 현실적 문제는 안성캠퍼스를 처분할 수 없게 되었다는 것이다. 두산은 계획이 차근차근 진행된다는 전제를 미리부터 깔아놓고, 흑석과 안성을 본교·분교 개념이 아닌 '원 캠퍼스' 개념으로 통합했다. 그리고 안성캠퍼스 학생 정원을 흑석으로 끌어올렸다. 2009년 1만2천여 명이었던 흑석캠퍼스는 현재 2만여 명에 달한다. 여기에 학교당국은 비용을 감축하기 위해 교원 수를 감축하고 20~30명이 듣는 중소강의를 100명~200명이 듣는 대형강의로 전환했는데, 그야말로 강의실은 콩나물시루가 되었다. 정작 텅텅 비어버린 안성캠퍼스는 안성시 주민들의 반발로 처분하지도 못했다.

심지어 중앙대는 안성캠퍼스 정원을 학과를 그대로 유지한 채 흑석으로 올려보낸 것이 아니라, 정원수만 맞추고 학과는 개편해버렸다. 안성에 있었던 학과들을 없애거나 정원 감축하고, 흑석캠퍼스의 경영학과 정원에 모조리 때려 박았다. 두산은 중앙대 인수 직후 당시 300명이었던 경영대의 신입생 정원을 1200명으로 늘리겠다는 구상을 발표했는데, 이는 지금 실현 중이다.

그러던 중 흑석과 안성 두 캠퍼스를 하나로 합친 과정 자체가 뇌물이 오고간 불법행위에서 비롯되었다는 정황이 드러났다. 법원은 다시 원래대로 정원을 조정해야 한다는 판결을 내렸다. 두산의 중앙대 멀티캠퍼스 계획은 실패했지만, 만약 성공했더라도 큰 문제였을 것이다. 두산건설은 2개 캠퍼스를 신설하면서 떼돈을 벌었겠지만, 그만큼 중앙대학교는 빚더미에 쌓였을 것이기 때문이다.

멀티캠퍼스는 중앙대만의 이슈는 아니다. 이름 꽤나 있다는 서울의 명문사립대들은 타지역에 멀티캠퍼스 사업을 하고 있다. 연세대 또한 송도에 캠퍼스를 신설하여 운영 중이고, 고려대 또한 세종캠퍼스를 운영한다. 단순하게 보면 캠퍼스를 추가 신설하여 정원이 늘어나고 그만큼 등록금으로 인한 수입도 늘어난다. 거기다가 대학이 지역상권을 살린다는 명분 아래, 각종 투기자본과 지자체의 지원을 얻을 수도 있다. 캠퍼스 내부의 상가임대료로 인한 수익은 덤이다. 그러나 이러한 멀티캠퍼스는 소위 말하는 명문대만 할 수 있는 졸업장 장사다.

학벌서열에서 뒤처진 대학들은 명문대와 달리 선택지가 별로 없다. 그들은 학생들에게 등록금을 더 많이 걷거나, 자교 학생들을 대상으로 장사하는 프랜차이즈 기업에게 상가임대료를 받거나, 꾸준히 재단적립금을 모아서 유가증권에 투자하는 등 별의별 방법을 다 쓴다. 대학교육연구소가 밝힌 자료에 따르면, 2016년 2월 기준 교비회계 적립금을 유가증권에 투자하고 있는 사립대가 58개교나 된다. 그러나 전체 수익률은 마이너스 0.8퍼센트로 전반적으로 오히려 손해를 보고 있는 형국이다.[*] 대학이 스스로 재정을 책임져야 하는 상황이니, 쉬운 돈벌이를 찾다가 교비마저 까먹고 있는 것이다.

창업의 기본은 수익창출보다 비용감소라고 했던가. 대학들은 돈을 벌기 위해 노력하는 만큼, 비용을 감소시키기 위해서도 최선을 다한다. 가장 쉬운 방법은 대학 내 노동자들에게 쓰이는 재정을 줄이는 것이다. 안 그래도 대학 노동자들에 대

[*] 오소혜, 「사립대 교비 적립금 유가증권 투자손익 현황…수익은커녕 오히려 손해」, 데일리유스라인, 2017. 8. 10.

한 노동 처우는 열악하기로 소문나 있다. 학생들에게는 교수라고 불리지만, 비정규직 강사들은 4대 보험도 적용받지 못한 채, 연구실과 강의실에서 전임교수를 대신해 두세 배가 넘는 노동을 하며 저임금에 시달려야 한다. 대학들은 이런 비정규직 강사들의 수를 늘려 인건비를 줄인다. 전임교수들이 퇴임할 때마다 비정규직 교원들의 숫자만 늘어나는 상황은 어제오늘의 일이 아니다. 청소노동자로 시선을 옮겨보면 더 기가 막힌다. 그동안 대다수의 대학에서 청소노동자들은 유령처럼 지내왔다. 학생들이 등교하기 전에 청소를 마치기 위해 새벽부터 일하지만 이에 맞는 정당한 수당을 받지 못했고, 쉬는 시간이나 휴식공간도 보장받지 못했다. 그들은 대학 내에서 우리와 함께 있지만, 그 존재를 철저히 부정당해왔다. 그런데 얼마 전부터 대학에선 이러한 청소노동자들의 정년퇴직 후 그 빈자리를 아르바이트나 단기계약 노동자로 채우고 있는 실정이다.** 정규직 노동자를 직접 고용하기는커녕, 하청 비정규직 노동자를 알바로 대체하고 있는 것이다. 이름만 들어도 아는 서울 사립 명문대들의 이야기다. 일하는 사람들에게 대학은 최악의 일터가 되어가고 있다.

** 김관진, 「수천억 쌓아두고…청소노동자 대신 '알바'쓰는 대학들」, SBS, 2018. 1. 3.

모두 학문의 전당, 진리의 상아탑이라는 대학과는 어울리지 않는 일이다. 자본이 대학을 침식하면서 대학은 본연의 대학다움을 상실해가고 있다. 이러한 대학기업화의 방향성을 예측해보자면 미래는 더욱 처참하다. 대학영리화가 합법화된 미국의 사례를 잠깐 살펴보자. 미국은 이미 영리 대학이 200개가 넘는다. 그만큼 대학이 적극적으로 수익사업에 나서는 것이 어색하지 않다는 뜻이다. 아폴로그룹이 소유한 피닉스대학은 대학기업화의 대표적인 사례다. 피닉스대학은 말 그대로 졸업장을 판매하는 '기업'이다. 앞서 소개한 대학들처럼 투기나 상가임대료 같은 꼼수를 부리기보다, 순전히 졸업장 판매에만 집중한다. 정해진 학생 수가 있는데 그럼 손해가 아니냐는 질문이 있을 수 있다. 그러나 피닉스대학의 정원에는 제약이 없다. 피닉스대학은 온라인 대학이다. 그래서 2006년 정점을 찍었을 때 학생 수가 무려 60만 명에 달한 적도 있다.[*] 교수들도 비정규직 강사가 95퍼센트에 달할 만큼 비용감소에도 각별히 신경을 쓰고 있다. 이런 모습이 바로 한국 대학들이 가고 있는 방향성이다.

몇몇 사람들은 대학에서 대학생들이 '학생'이 아니라 '고객'

[*] 고부응, 『대학의 기업화』, 한울, 2018.

으로 대우받을 때, 대학이 만들어낸 상품 가치가 더 질적으로 향상될 것이라고 말하곤 한다. 하지만 실상은 전혀 그렇지 않다. 일단 '좋은 대학'이 되기 위해선, 대학에서 일하는 노동자들이 정당한 노동환경에서 일해야 한다. 그래야 '좋은 수업'이 나오고, '좋은 행정'이 만들어지며, '좋은 인프라'가 형성된다. 이런 측면에서 대학기업화는 좋은 대학으로 가는 기본 전제 조건 자체를 파괴하고 있다.

그렇게 대학은 괴물이 되었다

2018년 8월 어느 날, 나는 대학 후배에게 전화를 받았다. 고민이 있다는 이야기였다. 후배는 중앙대에서 열심히 학생회 활동을 했다. 어려운 환경 속에서도 동아리연합회, 과학생회 등 자신이 할 수 있는 일을 해나가면서, 대학에서 '대학다움'을 만들어가기 위해 최선을 다했다. 햇수로 6년째였다.

하지만 이는 생각보다 쉽지 않았다. 두산이 중앙대를 인수한 이후, 학교는 빠르게 기업화되어갔다. 학교의 운영방식이 기업처럼 바뀌고, 몇몇 학과들은 돈이 되지 않는다는 이유로 폐과되기도 했다. 학생자치는 탄압받았고, '대학다움'을 기치로 이에 저항하던 학생들은 퇴학, 무기정학 등 징계 조치를 당하기도 했다. 후배 또한 징계를 받았다.

징계를 받은 사유는 얼토당토않았다. 2015년 후배는 동아리연합회 학생회 선거에 출마한 후보였다. 당시 선관위는 후배 측 선거운동원이 학내 자치언론인 '잠망경'의 기사에 '좋아요'를 눌렀다는 이유로 선본 자격을 박탈했다. 이는 선관위의 정치적 의도가 개입한 부당한 일이었고, 후배는 동아리연합회 선거 보이콧을 진행했다. 그런데 학교에서는 이 선거 보이콧을 이유로 후배에게 징계 조치를 내렸다. 명백한 학생자치 탄압이었다. 후배는 이에 불복했고, 징계가 부당하다며 중앙대에 소송을 걸었다. 자신에게 내려진 부당한 징계를 무효화하기 위한 소송이었다.

하지만 법원은 학교의 손을 들어주었다. 1심에서도 2심에서도 졌다. 3심에서도 질 것이 뻔했지만 후배는 포기하지 않았다. 소송을 포기하는 것은 징계가 합당하는 것을 인정하는 행동이다. 결국 3심에서도 후배는 패소했다. 학교당국도 법원도 학생자치와 대학민주주의를 인정하지 않았다. 게다가 중앙대는 이 소송비용 모두를 후배에게 청구했다. 총 930만 원이었다.

처음에 이 이야기를 들었을 때는 믿기지가 않았다. 아무리 그래도 대학이라는 교육기관이 학생을 상대로 1000만 원 가까이 되는 돈을 청구할 리가 없다고 생각했다. 법원에 확인해보니, 우편으로 오는 청구는 형식에 불과하고, 학교당국에서 집행결정을 하지 않으면 실질적으로 소송비를 낼 필요는 없다고 했다. 그래서 중앙대에 전화로 물어봤다. 설마 집행결정을 할 계획이냐고 확인해보았다. 중앙대 감사팀에서는 너무나도 당연하다는 듯이 930만 원 전액을 후배에게 청구하겠다고 했다.

나는 중앙대 자퇴생이다. 2014년 대학기업화에 반대하며 대자보를 쓰고 중앙대를 그만두었다. 학교를 그만두기 전에는 언제나 중앙대 학교당국과 투쟁 중이었다. 학과 구조조정, 징계조치 무효 등 몇 차례 중앙대와 소송을 진행한 적도 있고, 그중에는 패소한 적도 있지만 소송비 청구를 당한 일은 없었다. 그래서 왜 이번에는 집행 결정을 굳이 하는 것인지 캐물었다. 학교 측은 "규정이 바뀌었다"고 했다. 이제 중앙대는 학교 입장에 반하는 학생들에게 징계로 탄압하는 것을 넘어, 돈으로도 탄압하기로 규정을 바꾸었다. 마치 기업이 노동자들에게 파업 이후 손배가압류를 하는 모양새처럼 말이다. 이후에 학교는 다시 한 번 입장을 바꾸었는데, "김창인(필자)에게는 아직 소송비 청구를 하지 않은 것뿐"이라며, 재판이 끝난 지 5년이 지난 시점에 소송비 청구를 예고했다.

두산이 중앙대의 재단으로 들어오면서 학생자치를 탄압했던 에피소드를 풀어내자면 한도 끝도 없다. 학교정책을 비판하는 행위는 일체 금지되었다. 의견을 개진하기 위해 대자보를 붙이면 교직원들이 떼 가기가 부지기수였고, 총장을 비판하는 글을 쓴 학내교지가 대낮에 트럭으로 전량 회수되는 일도 있었다. 학생회 선거에 직접적으로 학교가 개입해 학교 측에 우호적인 성향의 총학생회를 당선시켰다는 의혹도 빈번했다. 2015년 중앙대 총학생회 선거에서는 두 선본이 출마했는데, 당시 한 선본만 학교 측으로부터 선거사무실을 제공받았다. 상대 선본은 이의를 제기했지만 학교 측에선 더 이상 공간을 빌려줄 곳이 없다는 답변뿐이었다. 2016년 총학생회 선거에선 학교정책을 비판하는 성향의 선본이 도라에몽 인형탈을 선거운동에서 활용했다. 그런데 선거운동이 한창이던 어느 날, 도라에몽의 저작권을 가진 대원미디어에서 돈을 내지 않고 멋대로 특정 캐릭터를 이용했다며 고소할 수 있으니 선거운동에서 도라에몽을 쓰지 말라는 의견을 선관위 측에 전달했다. 당황한 선본에서 대원미디어에 연락했더니, 회사에선 모르는 일이라며 학교 측에 문의해보라는 답변을 들어야 했다. 두산재단이 중앙대를 인수한 이후, 소위 비운동권이라고 불리는 총학생회 출신의 대표자들은 상당수가 두산에 입사하거나, 학교 교직원으로 채용됐다. 반면 학교정책을 비판했던 학생들은 퇴학, 무기정학, 유기정학 등 징계 세례를 받아야 했는데, 2009년 이후 중앙대의 징계 연루자는 어림잡아도 스무 명이 넘는다. 심지어 두산에서는 그들을 사찰하기 위해 두산 사원에게 감시를 시키고 동향 보고서를 받기도 했다. 대학 그 자체가 공안정국이었다.

나는 중앙대에서 2009년부터 2014년까지, 약 6년을 학생운동을 하면서 보냈다. 그리고 정확히 여섯 차례 징계위원회와 상벌위원회에 소집되었다. 양으로만 따지면 1년에 한 번씩이다. 첫 징계는 2학년 때 학과통폐합에 반대하며 한강대교에 올라 고공시위를 했다는 이유로 무기정학을 받았다. '대학은 기업이 아니다'라는 플래카드를 한강대교에 걸었다. 당시 총장이었던 박범훈은 친히 한강대교에 와서 전화통화로 "내려오면 경찰서에 가지 않게 하겠다"며 친절을 베풀었다. 그러나 나는 한강대교에서 내려오자마자 동작경찰서에 끌려갔고, 박범훈 총장은 경찰서에 찾아와서 "반드시 엄벌을 내려야 한다"며 신신당부했다. 이후 법원에서는 나에 대한 무기정학 조치가 부당하다는 판결을 내렸다. 그러나 학교당국은 무기정학이 안 된다고 한 거지 징계가 안 된다고 한 것은 아니라며, 유기정학 18개월로 이를 대체했다. 학교당국은 나를 비롯한 두산재단에 비판적인 학생들을 못 잡아먹어서 안달이었다.

중앙대 사례가 조금 더 극적이긴 하지만, 대학 전반에 걸쳐 학생자치는 심각하게 약화되어 있다. 솔직히 말하자면, 지금의 학생회는 굳이 누가 탄압하지 않더라도 운영이 어렵다. 그런데 이런 상황에서 각 대학당국들은 기회를 놓치지 않고 이참에 학생회 자체를 무력화시킬 기세인 양 달려들고 있다. 대표적인 것이 학내 언론탄압이다. 일반적으로 각 대학들마다 비판적 언론의 역할을 담당했던 교지들이 있는데, 이들은 학생들의 등록금에서 재정을 확보해왔다. 그런데 언제부터인가 대학들은 교지지원금을 등록금에서 지원하지 않고, 등록금고지서에 별도로 교지회비를 납부하는 내역을 만들었다. 재정 확보에서부터 어려움에 처한 대학언론들은 이전에 비해 서서히 규모가 줄어들고 있는 형국이다.

학생자치 탄압에 맞서 저항하는 학생들의 모습은 마치 민주화운동 시대에 독재정권에 투쟁하던 대학생들처럼 처절하기 그지없다. 2015년 동국대에선 부정과 비리에 휩싸인 대학 당국에 맞서 싸우기 위해 학생들이 고공농성과 삭발, 단식까지 감행했다. 당시 대학 운영을 책임이던 스님들은 이런 학생들은 보호하기는커녕, "나랑 머리가 똑같다"며 비웃었다. 2017년 서울대에서는 시흥캠퍼스 설립을 반대하며 총장실을 점거했던 학생들 다수가 징계를 받았고, 2018년 한동대에서도 페미니즘 강연을 주최했다는 이유로 학생들이 무기정학을 받았다. 대학들은 이제 자기 입맛에 맞지 않는 학생을 용납하지 않기로 한 듯하다. 일반적인 의미에서 이런 모습은 대학도, 기업도 아니다. 기업이라면 '고객이자 소비자인' 학생을 이렇게 대하진 못할 것이다. 자본의 유혹에 넘어가 스스로를 버리기로 선택한 대학은 괴물이 되었고 폭주하고 있다.

'좋은 대학'과 '나쁜 대학'을 가르는 기준

부모들은 누구나 자녀들을 '좋은 대학'에 보내고 싶다. 그렇다면 부모들이 말하는 '좋은 대학'이란 무엇일까? 등록금이 저렴한 대학, 강의의 질이 높은 대학, 학내 노동자들을 정당하게 대우하는 대학, 돈이 많은 대학, 역사적으로 전통이 깊은 대학 등등 많은 의견을 낼 수 있겠지만 답은 하나다. 바로 순위가 높은 대학이다. 대학기업화의 특수성은 대학 간 경쟁에서 누가 이겼는지를, 누군지도 모르는 사람들이 정확히 무슨 기준인지도 알 수 없는 내용으로 평가한 순위를 가지고 판단한다는 것이다.

이는 일반적인 기업의 경우에 경쟁에서 승패를 소비자나 대중이 평가하는 것과 매우 대조된다. 매년 세계적으로는 QS 대학평가순위*가 나오고, 중앙일보에서도 대학별로 등수를 매긴다. 정부에서는 더 나아가 재정지원을 매개로 순위별로 지원금을 다르게 준다. 이러한 대학별 순위평가는 대학들에게 자유로운 교육환경을 제공하는 겉모습과는 다르게, 일괄적인 방향성을 제시함으로서 서로 치열하게 경쟁하게 만든다.

---

* 1994년부터 영국의 대학평가기관인 콰쿠아렐리 시몬스Quacquarelli Symonds가 매년 대학들에 순위를 매겨 평가를 내린다.

여기서 문제는 이 천편일률적인 방향성이 잘못되었다는 것이다. 그들은 교수들의 '논문 편수'나 '순수취업률'을 지표로 대학들을 줄 세우곤 한다. 이런 기준으로 대학을 평가하는 것은 대학을 병들게 한다. 상식적으로 철학과 교수와 경영학과 교수는 논문 편수로 경쟁을 할 수가 없다. 만약 가능하다면 대학별로 매년 칸트나 헤겔이 나왔을 것이다. 그러나 기준은 이미 제시되었고, 대학들은 이에 충실해야 한다. 그래서 교수들을 성과주의로 위협하고, 대학평가를 올릴 수 없는 교수들은 퇴출 위기에 놓인다. 교수들은 강의평가를 잘 받기 위해 인기영합적인 수업을 진행해야 하고, 각종 외부행사에 참석하여 대외활동 점수도 받아야 한다. 사회에선 대학에 점수를 매기고, 대학은 교수들을 점수 매기고, 또 교수들은 학생들을 점수 매기면서 점차 잘못된 기준의 여파는 전염병처럼 퍼져 나간다. 악순환의 반복이다.

2010년대에 진입하면서 한국 대학가는 '학과통폐합'에 몸살을 앓고 있다. 한창 학과통폐합이 절정을 찍었던 2015년에는 한 해에 통폐합된 학과만 456건에 달한다. 그런데 이렇게 사라진 학과들은 절대다수가 인문·사회·예술 계열이다. 철학과·국문학과·사회학과·회화학과·영화학과 등이 대학에서 폐과 조치된 것이다. 통폐합된 학과에 입학한 신입생들은 3월에 대학에 들어와, 4월에 폐과 소식을 듣고, 1학기 내내 수업도 못 듣고 반대 투쟁을 하다가 학교당국의 탄압에 못 이겨 절망을 느끼는 경우가 비일비재하다. 대학은 '학문공동체'인데, 학과통폐합은 '학문'과 '공동체' 모두를 해체하는 프로젝트나 다름없다. 대학들은 학과통폐합을 하면서 4차 산업혁명 시대에 걸맞은 통섭의 정신이니 뭐니 하면서 떠들지만, 실상 그들이 학과통폐합을 진행하는 이유는 '돈' 때문이다.

학과통폐합의 가장 큰 명분은 학령인구감소다. 1990년대 후반부터 출산율이 감소하면서 자연스럽게 대학에 진학하는 학생들의 숫자도 줄어들었다. 그런데 1995년 5·31 교육개혁 이후 대학이 우후죽순으로 만들어지면서, 대학 정원수가 학생 숫자보다 많아졌다는 것이다. 이에 각 대학들은 정원수도 줄여야 하고, 상당수의 대학들은 문을 닫아야 할 형편이다. 그래서 정부는 '대학구조개혁'이라는 이름으로 대책을 내놓았다. 상황이 이러하니 어느 대학이 정원을 덜 줄이거나 더 줄일지, 또 어느 대학이 문을 닫을지 정부에서 평가하고, 그 평가 점수에 따라 재정지원의 폭을 조정하겠다는 내용이다. 그런데 여기서 대학별로 자체 정원감소를 얼마나 했는지가 매우 중요하다. 이명박·박근혜 정권에선 취업률 등의 시장 시스템에 최적화된 지표를 요구하기까지 했다. 프라임 사업·코어 사업 등의 이름으로 학과통폐합을 알아서 하면, 지원금을 주는 유인책도 사용했다. 대학들은 학과통폐합에 혈안이 될 수밖에 없었다.

정부에선 재정지원을 위해 정원수 감축과 학과개편을 요구하는데, 민간에선 대학별로 등수를 매길 때 교수당 논문편수나 취업률을 들이댄다. 대학에선 당연히 지표상 불리한 인문·사회·예술 계열을 통폐합한다. 쉽게 말해 학문단위를 상품으로 보고, 잘 팔리는 학과는 살리고 안 팔리는 학과는 없어진다는 것이다. 이런 방식이라면, 인문학이 살아남는 곳은 학벌 서열상 상위 몇몇 대학 말고는 없을 것이다. 실제 미국에선 이미 인문학이 명문사립대의 전유물이 되고 있다. 하버드, 프린스턴 등 몇몇 명문사립대를 제외한 중소규모의 대학들에선 철학과 역사를 배울 수 없다. 학벌사회에서 인문학이 명문사립대들만의 것이 된다는 건, 인문학을 사유하는 힘을 기득권만 향유하겠다는 의미다. 길게 봤을 때, 현재 진행 중인 순수학문 중심의 학과통폐합은 매우 위험하다.

수도권과 지방대학 간의 인프라 차이 문제는 덤이다. 수도권 중심으로 형성된 사립대학들의 권력구조가 학령인구감소와 이에 따른 대학구조개혁으로 더 심해질 것이라는 전망이다. 2018년 교육부에서 진행한 '대학역량진단평가'의 결과를 보면, 재정지원 제한 대학으로 선정된 20개 대학 중 18개 대학이 지방대학이다. 이는 경쟁에서 상대적으로 불리한 지방대학들이 예상대로, 가장 먼저 '문 닫을 대학'으로 선정되고 있다는 이야기다.

대학기업화에는 정부의 고등교육정책과 사립대들의 재정에 대한 압박, 사학재단들의 자본에 대한 요구 등 많은 요인들이 맞물려 있다. 이는 분명 잘못된 방향성이고 이를 막기 위해선 '대학이란 무엇인가', '무엇이 좋은 대학인가'라는 질문으로 돌아가야 한다. 대학은 기본적으로 교육기관이고, 무언가를 배우는 공간이다. 이런 의미에서 지금의 대학이 '나쁜 대학'이라는 것만큼은 확실하다. 배울 수 있는 학문은 점차 줄어들고, 배우지 말아야 할 악습만 남기고 있다.

누구의 것도 아닌, 모두의 대학

"인문학은 구청문화센터에서나 들어라."

중앙대 박용성 전 이사장이 직접 한 말이다. 대학에서 인문학을 가르칠 필요가 없다는 소리다. 그렇다면 그는 대학에서 인문학 대신 무엇을 가르쳐야 한다고 생각할까? 중앙대는 두산에게 인수된 후 전교생에게 '회계' 과목을 의무적으로 수강하게 했다. "중앙대 나오면 숫자 좀 알더라는 소리를 듣게 하겠다"는 것이 박용성 전 이사장이 밝힌 회계 의무수강화의 취지다.

이뿐만이 아니다. 중앙대는 한때 D+의무부과제를 모든 수업에 동일하게 적용했다.* D+의무부과제는 모든 수업에서 수강생의 5퍼센트는 D+이하의 점수를 주라는 상대평가 제도다. 소수 인원의 학과인 경우 대여섯 명이 듣는 수업도 있는데 이를 상대평가로, 게다가 무조건 한 명은 D+라니? 이는 무한경쟁을 유도하기위한 조치라고 밖에 볼 수 없다. '인문학'이 아니라, '회계'를 배우면서 서로가 서로를 적으로 여기며 경쟁하는 인간. 이것이 대학기업화가 원하는 인간의 전형이다. 이는 철

---

* 현재는 학과별, 과목별로 다르게 조정되었다.

저하게 대학이 기업에, 그리고 자본주의에 복무하고 있다는 상징이다. 즉, 대학기업화는 자본주의 시스템을 공고히 유지하는 이데올로기적 성격을 가지고 있는 것이다. 그러나 세상의 모든 것을 사유화할 수 있다는 자본주의적 믿음과 양극단에 서야 하는 것이 바로 교육이다. 교육은 그 누구도 개인적으로 소유할 수 없으며, 사회와 공동체 모두의 것이어야 한다.

한국의 대학사회를 우려하는 많은 이들은 '대학의 공공성 복원'을 대안으로 제시한다. 구체적인 주장으로는 '정부책임형 사립대' 방안이 있다. 자체적으로 재정을 운영하기 어려운 사학들에게 정부가 재정을 지원하고, 이를 바탕으로 정부의 고등교육정책 기조를 현실에서 구현할 수 있는 조건을 만들어내자는 것이다. 이렇게 되면 사립대에게는 두 가지 선택지가 놓인다. 하나는 정부재정지원 없이 독립적으로 대학을 운영하는 방법이고, 다른 하나는 정부책임형 사립대가 되어 정부의 재정을 지원받되 공공적 성격의 대학을 만드는 데 기여하는 것이다. 물론 정부책임형 사립대 방안이 등록금 완전폐지와 같은 단기적인 변화를 이끌어내기는 어렵다. 그러나 교육이 우리 사회의 주요한 책무이며, 대학은 공공의 영역이어야 한다는 방향성에서 장기적으로 의의가 있을 것이다.

이러한 방향성은 교육과 지식을 공공재의 개념으로 인식하는 것에서 출발한다. 교육의 수혜는 단순히 수업을 듣는 학생들 개개인만 받는 것이 아니다. 예를 들어 사람을 죽이면 안 된다는 교육을 받은 A가 그 교육으로 인해 타인을 죽이지 않는다면, 해당 교육의 수혜는 그 A와 함께 살아가는 사회구성원 모두가 받는 것이다. 마찬가지로 대학에서 받은 교육으로 학생들이 사회에 진출해서 어떤 일을 하든, 그 지식은 활용되면 활용될수록 더 많은 사람들이 혜택을 입는다. 즉, 지식은 다른 재화와는 다르게, 사용해도 소진되지 않고 사용하면 할수록 확장된다. 게다가 배우는 사람이든 가르치는 사람이든 의도하지 않더라도 지식은 자연스럽게 퍼져나가고, 그 와중에 대학과 무관한 사람들 또한 그 지식을 습득할 수 있다. 이는 등록금을 굳이 내지 않더라도, 지식의 습득이 가능한 상황이 발생할 수 있다는 것이다. 이러한 상황에서 이미 배운 지식을 도로 뱉어내라고 요구할 순 없다. 그래서 지식은 특정 개인이 소유하는 것이 아니라, 사회 모두가 공적으로 소유하는 것이 가장 바람직하다. 우리 모두의 지식이라면 누구나 공짜로 배울 수 있고, 누구나 그 지식을 활용하여 더 많은 지식을 생산해낼 수 있다. 당연히 이런 사회라면 등록금은 무상으로 제공될 것이다.

그러나 한국 사회에선 지식을 사유화할 수 있다는 믿음이

지나치게 팽배해 있다. 비싼 등록금을 내고 배웠으니, 그 지식을 활용해서 등록금 이상을 뽑아내야 하기 때문이다. 하지만 이는 근거 없는 믿음이다. 지식은 본인이 아무리 노력해도 사유화할 수 없으며, 혼자만 알고 사회로 내뱉지 않는 지식은 무용할 뿐이다. 한국 대학이 파는 것은 지식이 아니라 신분과 지위이며, 사유화할 수 있는 것도 학벌이지 지식은 아니다. 혹자는 특허제도도 있고, 지적 재산권이 보장되지 않느냐는 반론을 제기할 수도 있다. 그러나 이러한 제도들은 지식의 확장과 발전을 막기 위한 억압기제이며 '모든 것은 상품이 될 수 있다'는 자본주의 이데올로기의 일부이다. 본질적인 의미에서 지식은 그 어떤 것으로도 통제될 수 없다. 지식이 사적 소유로부터 자유롭다면, 지식을 학습하고 논의하고 생산하는 대학 또한 그 누구도 소유할 수 없어야 한다. 대학은 국가든, 시장이든, 자본이든, 모든 권위를 거부해야 한다.

대학을 지칭하는 진리의 상아탑에서 상아탑은 코끼리가 죽고 난 뒤에 뼈만 남아 쌓여 있는 모양을 뜻한다. 코끼리는 죽기 전에 인적이 없는 외떨어진 곳으로 가 죽음을 맞이하는데, 상아탑은 이렇듯 대학이 사회 주류나 중심으로부터 멀어진 대안 담론을 탐구하는 곳이어야 한다는 뜻이다. 대학의 이상은 변방을 지향했고, 변방은 언제나 외로운 법이다. 그러나 외로움을 버티지 못하고 주류세계에 편입되기 위해 발버둥치면서 대학은 그 자체의 대학다움을 잃어가기 시작했다. 대학의 탈선은 이미 대학이라고 부르기 민망할 정도가 됐다.

새로운 대학이 필요하다. 초기 중세의 대학이 종교에 귀속됐고, 근대의 대학이 국가에 복무했고, 현재의 대학이 시장에 굴종했다면, 미래로 나아가기 위해선 새로운 대학의 모델이 요구된다. 사회와 공동체를 위해 학문을 연구하고 교육하며, 구성원들의 자치로 운영되는 '새로운 대학'을 희망한다. 그리고 이 '새로운 대학'에서 논의되는 담론들이 한국 사회를 조금 더 나은 방향으로 견인하는 미래를 상상한다.

참고문헌

고부응, 『대학의 기업화』, 한울, 2018.

김정인, 『대학과 권력, 휴머니스트』, 2018.

김창인, 『괴물이 된 대학』, 시대의 창, 2015.

채효정, 『대학은 누구의 것인가』, 교육공동체벗, 2017.

학벌론

_이동현

우리는 '학벌'을 어떻게 받아들이고 있을까

학벌의 '폐해'

현대 한국 고등교육과 결부되어 있는 주요한 사회적 현상으로 '학벌學閥' 또는 '학벌주의學閥主義'가 지목된다. 어떤 논자들은 학벌 또는 학벌주의가 한국 고등교육을 넘어서 한국 사회 전반을 이해하는 중요한 개념이라고 보아, '학벌사회'라는 단어를 쓰기도 한다. 표현이 어찌되었든 간에, 1980년대 중반을 기점으로 학벌의 '폐해'가 한국 사회에서 광범한 비판의 대상이 되었다.*

첫째, 능력과는 무관한 학벌로써 개인의 사회적 지위가 결정됨에 따라 사회적인 비효율이 발생한다는 것이다. 능력을 객관적으로 반영한다고 생각되는 입사시험 등의 전형점수에서 이른바 명문대 출신이 비명문대 출신보다 떨어지는 경우가 발생한다는 점이 흔히 근거로 제시된다.**

---

* 학력과 학벌에 관한 국내의 연구사에 관해서는 다음 문헌을 참조하시오. 김부태, 「한국 학력·학벌 연구의 사적 고찰: 1980~2007」『교육사회학연구』제24권 제1호, 2014.

** 성호철,「채용때 출신대학 가렸더니… 합격자 절반 수도권·지방대 출신」, 조선일보, 2015. 4. 29. 기사에 따르면 SK텔레콤이 블라인드 채용을 실시하여 100명을 선발한 결과, 서울대·연세대·고려대 출신 합격자는 30퍼센트 미만이었다고 한다. 물론 이들 3개 대학의 정원이 전체 4년제 대학 정원의 1.5퍼센트 수준임을 감안하면 여전히 3개 대학 출신자 합격률은 나머지 대학 출신자 합격률의 10배를 월등히 초과하는 것이다. 그럼에도 불구하고 SK텔레콤의 채용 결과는 출신대학에 따른 후광효과가 채용 과정에서 무시할 수 없음을 보여준다고 할 수 있다.

물론 여기에 대해서 다음과 같은 반론이 제기될 수 있다. 명문대를 들어가기 위한 입시를 뚫었다는 것은 그만큼 능력이 뛰어나다는 증거라는 것이다. 그러나 여기에 대해서는, 대학 입학 과정에서 인정받은 것이 어떻게 평생의 유효기간을 지닐 수 있느냐는 재반론이 나온다. 그 밖에 대입 과정에서 얻은 성적이 사회생활에 필요한 능력을 적절히 증명할 수 없다는 재반론도 제기될 수 있다.

둘째, 만인이 좋은 학벌을 얻기 위해서 경쟁하며 발생하는 사회적 기회비용이 크다는 것이다. 학벌을 얻기 위한 각종 시험만으로는 재단할 수 없는 개인의 다양한 재능을 계발하지 못하게 되어 생기는 기회비용, '좋은 학벌'을 얻는 데는 최적화되지 않은 사람을 학벌경쟁에 무리하게 몰아넣는 과정에서 투하되는 자원 낭비, 학벌경쟁의 '승리자'와 '패배자' 사이에 발생하는 사회적 위화가 바로 그것이다.*

셋째, 학벌을 얻기 위한 경쟁에서 승리하려면 시험 준비는 물론이고 각종 이력까지 쌓아야 하는데 이것은 단순히 개인의 역량과 의지만으로 정해지는 것이 아니라는 것이다. "서울

---

* 강준만의 『서울대의 나라』 47~80쪽과 김경근의 『대학 서열 깨기』 제1부에 사례가 소개되어 있다. 참고로 김경근의 책은 '죽어가는 우리 아이들을 살려야 한다'를 부제로 달고 있다.

대를 가려면 엄마의 정보력, 할아버지의 재력, 그리고 아빠의 무관심이 필요하다"는 시쳇말을 통해서 엿볼 수 있듯이 사람들은 학생의 사회경제적 배경이 입시 성공의 중요한 요소임을 체득했으며, 이러한 사실은 학계의 연구를 통해서도 드러났다.**

넷째, 명문대와 그 학내 구성원들이 학벌에 안주한 나머지 교육이나 연구의 질을 높이려는 노력을 게을리한다는 것이다. 명문대는 학벌주의로 말미암아 능력이 뛰어난 학생들이 몰리며, 이들은 개인적인 노력을 통해서 다양한 분야에서 성과를 낸다. 대학 입장에서는 이것을 두고 자신들의 교육과 연구 경쟁력이 높기 때문이라고 착각하거나 의도적으로 곡해함으로써 현재에 안주한다는 것이다. 학생 또한 자신이 우수하다고

** 중산층 상층 이상만이 부담할 수 있는 수준의 고액과외가 대학 입학에 도움이 된다는 소박한 수준의 경험적 관찰은 이미 김경근의 『대학 서열 깨기』 제1부에서 소개된 바 있다. 여기에 대해서 학술적인 접근이 뒤따랐는데, 학생에 대한 설문조사를 바탕으로 한 초기 연구로는 다음을 참조한다. 이종래, 「대학서열체제와 대학교육: 서열화와 황폐화」, 『대학서열체제 연구: 진단과 대안』, 한울아카데미, 2004, 123-157쪽. 정량적인 분석 또는 모형에 기초한 최근 연구로는 다음을 참조한다. 김세직·류근관·손석준, 「학생 잠재력인가? 부모 경제력인가?」 『경제논집』 제54권 제2호, 2015; 구인회·김정은, 「대학진학에서 계층격차: 가족소득의 역할」 『사회복지정책』 제42권 제3호, 2015. 최근에 미국에서는 광범한 유전학 연구와 결부하여 유전자가 대학 진학률에 미치는 영향을 부정할 수는 없으나 그보다는 부모의 사회경제적 지위가 대학 진학률에 미치는 영향이 훨씬 크다는 분석 결과가 나왔다. Daniel Barth·Nicholas W. Papageorge·Kevin Thom, "Genetic Endowments and Wealth Inequality", NBER Working Paper No. w24642, 2018.

생각한 나머지 이후의 공부에 소홀히 한다는 지적도 있다.[*]

이러한 담론에 터 잡아 정부에서는 학벌 또는 학벌주의를 폐지하는 데 적지 않은 노력을 기울였다. 최근의 대표적인 사례는 2017년 봄에 도입한 블라인드 채용 제도다. 지원서에 출신학교를 애초에 기재하지 않도록 함으로써 그에 따른 차별을 원천 봉쇄하겠다는 것이 주된 골자이다. 공공기관·공기업에는 도입을 의무화하고 민간기업에도 장려하는 중이다.[**]

그럼에도 불구하고 취업이나 승진에서 학벌주의가 사라지지 않았다. 2017년과 2018년에 걸쳐 밝혀진 일부 금융기관들의 입사 전형 성적 조작 사건은 빙산의 일각이다.[***] 항간의 소문에 의하면, 일부 유명 장학재단·언론사·기업은 'SKY' 또는 'SKP(서울대-카이스트-포항공대)' 출신이면 선발·승진에 유리하고, 경우에 따라서는 그런 출신이 아니라면 선발은 꿈도 꿀 수 없다.

---

[*] 최태룡, 「대학서열체제의 사회적 함의」, 『대학서열체제 연구: 진단과 대안』, 한울아카데미, 2004, 162-163쪽.

[**] 인사혁신처·행정안전부·기획재정부·고용노동부, 「(평등한 기회, 공정한 과정을 위한) 공공기관 블라인드 채용 가이드라인」, 2017. 7.

[***] 김봉구, 「"○○대라 죄송합니다" … SKY 합격시킨 은행 채용비리에 분노」, 한국경제, 2018. 2. 7.

학벌은 어떻게 유지되고 있는가

학벌의 '폐해'는 상술한 비판들을 살펴보는 것만으로도 충분하겠다. 그런데 우리는 여기에서 의문을 하나 던질 수밖에 없게 된다. 학벌은 어떻게 생겨나 떠받쳐지고 있기에 수많은 폐해에도 불구하고 사라지지 않는가?

누군가는 학벌의 덕을 보고 있는 기득권들이 노력을 하기는커녕 이를 공고히 하고 있기 때문이라고 곧장 대답할 수도 있다. 일리는 있다. 그러나 이러한 대답은, 학벌을 비판하는 학자들이나 실제로 이를 타파하고자 블라인드 채용정책이나 입시 폐지 등을 고안한 정치인·고위관료들****도 대체적으로 '좋은' 학벌을 지니고 있음을 설명하지는 못한다. 상황이 이러하다면, 우리는 학벌이 유지될 수 있는 사회적 구조를 파악할 필요가 있을 것이다.

기존의 연구는 대체적으로 학벌(주의/사회)를 크게 세 가지

**** '진보적'으로 분류되는 참여정부나 문재인 정부는 물론이고, 이른바 '보수정권'에서도 학벌주의의 철폐는 중요한 과제였다. 박정희 정부는 중학교와 고등학교 입시를 철폐했고, 전두환 정권은 본고사도 폐지했다. 이명박 정부도 (실제 문제 해결을 위한 노력을 기울였는지는 별개로 하더라도)『고용정책 기본법』을 전부 개정하면서 출신 학교에 따른 고용 차별을 금지하는 원칙을 세웠다. "『고용정책 기본법』 제7조(취업기회의 균등한 보장) ① 사업주는 근로자를 모집·채용할 때에 합리적인 이유 없이 성별, 신앙, 연령, 신체조건, 사회적 신분, 출신지역, <u>학력, 출신학교</u>, 혼인·임신 또는 병력病歷 등(이하 "성별등"이라 한다)을 이유로 차별을 하여서는 아니 되며, 균능한 취업기회를 보장하여야 한다."(밑줄은 인용자가 했다)

방식으로 다루어왔다. 첫째는 능력의 상징으로서 학벌에 대한 믿음이 사회에 팽배함을 기술하는 것이다. 둘째는 사람들의 믿음과 달리 학벌과 개인이 지닌 능력이 항상 일치하지 않으므로 학벌은 일종의 허상이라고 폭로하는 것이다. 셋째는 '허상에 불과한' 학벌이 일으키는 병폐를 비판하거나 거기에서 한발 더 나아가 이를 일소하기 위한 '해결책'을 제시하는 것이다.

기존 연구의 문제의식에 대해서는 나도 공감하지만 핵심적인 의문은 여전히 해결되지 않는다. 학벌을 능력의 상징으로 받아들이는 믿음이 잘못된 것이라면 '왜' 그러한 믿음은 여전히 사람들 사이에서 통용될까? 한 발 더 나아가보면, 사회 일반의 그러한 믿음에 나름의 일리가 있지는 않을까?

이 글은 이러한 의문의 답이 될 수 있는 가설들을 제시하는 것을 목표로 한다. 이를 위해서 가장 먼저, 흔히 '학벌'로 지칭되는 현상 또는 개념을 보다 명확하게 나누어 인적 네트워크로서의 '학벌'과 사회적 상징으로서의 '학교력'으로 구분한다. 둘째로는 '학벌'과 '학교력'이 형성되고 재생산되는 일반론에 관한 가설을 설정해본다. 셋째로는 현대 한국에서 학교력이 형성되는 과정을 살펴본다. 마지막으로는 앞에서 논의한 것들을 바탕으로 '학벌' 또는 '학교력'의 병폐를 해결할 방법들에 관하여 논의해보도록 한다.

학벌과 학교력

학벌? 학교력?

학벌의 정의는 학자마다 조금씩 다르지만, 학벌이 적어도 '특정 학교 출신이라는 친분으로 구성된 인적 네트워크'라는 데에는 이견이 없는 것 같다.* 학벌에 대한 이러한 견해는 '벌閥'의 사전적 의미를 잘 반영하고 있기는 하다. 그리고 특정 학교 출신들이 사회생활에서 보는 득실의 작동방식을 찾는 데 이러한 학벌 개념을 적용한다. 문제는 특정 학교 출신이라는 이유로 보는 득실이 반드시 인적 네트워크에 의하지는 않는다는 점에 있다.

예컨대 서울대학교 출신은 과외선생을 구하는 학부모 사이에서 인기가 많다. 같은 조건이라면 다른 곳 출신보다 유능한 것으로 평가되며, 시급도 더 많이 받는다.** 그런데 이러한 현상은 해당 과외선생과 동문인 학부모들과의 관계에서만 나타나는 것이 아니다. 서울대학교와 인연이 없는 학부모들도 서울대학교 출신 과외선생을 더욱 선호한다. 다시 말해 과외시

---

* 전은희, 「학벌 정체성에 대한 내러티브적 이해: 서울대생의 사례를 중심으로」 『교육인류학 연구』 제20권 제3호, 2017, 104쪽에 제시되는 피 증 선행연구들
** 전은희, 위의 글.

장에서 서울대학교 출신들이 받는 대접은, 그들이 '서울대학교 출신'이라는 사실 그 자체에 기인한 것이지 특별한 인적 네트워크에 의한 것은 아니다.

특정학교 출신이 친분에 기초한 인적 네트워크와 무관하게 득실을 보는 사례는 또 있다. 몇 년 전에 SKY는 아닌 서울 주요 사립대학의 법학전문대학원 입시에서 대학등급제를 실시하다가 적발되었는데, 당시 학교에서는 다음과 같이 등급을 매겼다.*

S등급	서울대·연세대·고려대·카이스트·포항공대·경찰대, 의·치·한의학 전공 등
A등급	이화여자대학교 법학전공 등
B등급	경희대·한국외대·서울시립대·부산대 등 주요 국공립대학 및 사립대학
C등급	나머지 대학의 법학전공
D등급	S~C등급 이외의 대학 및 학과

모 법학전문대학원의 대학등급제

문제의 학교가 순전히 학벌이라는 인적 네트워크에 기초하여 대학등급제를 실시했더라면 자교 학부 출신을 최우선으

---

* 진명선,「"SKY는 S등급" … 사립로스쿨 출신대학 카스트제」, 한겨레, 2016. 6. 2.

로 선발해야 했을 것이다. 그런데 학교 측은 이른바 대학서열의 정점에 있는 타대 학부 출신자를 S등급으로 만들었다. 이러한 정책은 크게 두 가지 판단에 기초한다. 하나는 이른바 SKY 학생이 공부를 더 잘하므로 변호사시험 합격률을 높인다는 믿음이다. 다른 하나는 SKY 학부 출신과 자교 학부 출신을 동등하게 만들어줌으로써 해당 법학전문대학원의 대외적인 인지도를 높일 수 있다는 믿음이다.

이러한 사정을 반영하여 일본의 교육사회학계에서는 '학벌'과 '학교력學校歷'을 구별한다.** 학교력은 특정 학교 출신이라는 사실 그 자체를 일컫되, 당해 사실이 어떠한 능력·계급·신분 또는 그 밖의 것의 상징으로서 사회적으로 통용된다는 함의가 짙다. 학벌이 특정 학교 출신을 기준으로 묶인 인적 네트워크를 말하는 것과 대조된다.

예컨대 같은 학교 출신으로 서로 알고 지내는 동기·선후배가 서로를 밀고 당겨주는 현상은 학벌이 작동한 결과고, 이른바 명문대학을 나온 사람이 직접적인 인적 네트워크의 영향

** 학력學歷이나 학벌과 구별되는 학교력 개념이 등장하는 사례로는 다음을 살펴보라. 苅谷剛彦, 『大衆教育社會のゆくえ 學歷主義と平等神話の戰後史』, 東京: 中央公論新社, 1995. 사실 학교력에 해당하는 개념 자체는 국내 학계에도 존재한다. 학력學歷의 수직적 측면으로서 수료한 학교급이 강조된다면, 수평적 측면으로 같은 학교급 내에서도 어떤 학교를 나왔는가가 강조된다는 것이다. 그런데 이것은 학력의 구 시끼 측면을 세분하는 차원에서 등장했으므로, 학벌과 학교력을 구별하는 것과는 목적에서 차이가 있다.

없이도 '보다 능력 있는 사람'으로 대우받거나 임금을 더 받는 현상은 학교력이 사회적으로 작동한 결과라고 거칠게 나누어볼 수 있다. 양자를 구별하는 견해는 국내에서는 일반적이지 않으나, 나는 이것이 한국 사회의 이른바 '학벌' 문제를 체계적으로 이해하는 데 큰 도움이 된다고 본다.[*]

학벌은 어떻게 정의되는가

연구자들은 학벌을 그저 출신 학교에 따라 묶이는 인적 네트워크 또는 '패거리' 등으로 뭉뚱그리는 경향이 있지만[**] 이것은 다음의 몇 가지 관찰에 비추어볼 때 충분한 분석이 전혀 아니다.

첫째, 몇 년을 동고동락한 동기나 선후배라고 하여 졸업 이후에 반드시 학벌로 연결되지는 않는다. 둘째, 재학 중에는 전혀 교류하지 않았거나 그러할 가능성조차 없었던 동문들 사이에서도 우연한 기회에 만나 급격히 친분을 쌓아 서로가 활용하는 일도 심심치 않다. 셋째, 학벌이라는 것이 항상 명확

---

[*] 오성철 서울교육대학교 교수는 일본 교육사회학계의 논의를 받아들여 양자를 구별할 필요성을 세미나 등에서 주장한 바 있다.

[**] 전은희, 앞의 글, 107쪽이 검토하고 있는 각종 선행연구를 참조하라.

한 조직적 실체를 갖고 있는 것은 아니다. 물론 주요 학교에는 총동문회나 학과·직업별 동문회가 있어 주기적으로 회합하고 정보를 교환한다. 그러나 공식적인 인적 네트워크 바깥에서도 학벌이 존재하여 서로 밀어주고 끌어당기는 일이 벌어진다. 넷째, 학벌이 항상 긴밀한 네트워크인 것만은 아니다. 평소에는 자기 일을 하느라 바쁘다가 취업·승진·사업 기타 도움을 받아야 하는 일이 생겼을 때에야 반짝 뭉치는 경우도 있다.

학벌이 출신학교·연령·직업 등에 따라서 어떻게 작동하는가라는 아주 세부적인 물음은 훗날로 미루도록 하자. 위의 짧은 검토로부터 우리가 알 수 있는 것은, 누군가가 학벌을 형성하고 유지하는 데서 그들이 같은 학교를 나왔다는 객관적 사실 이상의 무언가가 필요하다는 것이다. 나는 학벌에 관여하는 당사자 간의 '주관적 동료peer의식'이 바로 그 무언가라고 본다. "학교를 실제로 다닌 시공간과 상관없이 우리는 비슷한 급의 사람이다."

동료의식의 실체와 관련하여 우리는 두 가지를 물어볼 수 있다. 첫째, 동료의식을 내부적으로 정당화하는 근거다. 특정학교의 입학·재학·졸업과 결부되어 있는 그들만의 고유한, 또한 동시에 그들 사이에서는 공통적인 경험 등인가? 아니면 특정 학교의 입학·재학·졸업이 상징하는 다른 사회적 '실체(신분·계급 등)'인가? 아니면 양자가 엮여 있는가?

둘째, 무엇이 당사자들로 하여금 상술한 내용적 근거를 바탕으로 한 네트워크 조직의 필요성을 느끼게 하느냐는 것이다. 순전한 공감과 위로를 위함인가? 아니면 네트워크 형성을 통해 얻을 수 있는 유무형의 이득인가? 아니면 이 또한 양자가 엮여 있는가?* 물론 이것 또한 하나의 연구문제다. 나의 가설은 이른바 명문대(사회적으로 영향력 있는 학교력을 가진 곳)일수록 학벌이 강력하다는 점에 비추어볼 때, 유무형의 이득이 학벌의 형성에 상당한 영향을 미친다는 것이다.

특정 학교를 다녔다는 사실이 동료의식의 근거가 된다는 사실은, 어떠한 사람이 특정 학교를 다녔다는 사실이 본인뿐만 아니라 타인에게도 어떠한 의미가 있음을 말해준다. 그러므로 동료의식은 사회적 상징으로서 학교력의 원시적인 형태라고도 볼 수 있다. 물론 사회적 상징으로서 학교력은 문제의 학교를 다닌 바 없는 사람들을 포함하는 사회 전반의 '승인'이 필요하다는 차이가 있다. 동료의식 형성이 학교력의 형성

---

* 물론 동료의식에 관한 두 가지 질문은 분리되기 어려울 수도 있다. 왜냐하면 네트워크를 조직할 필요성을 강력히 느낀다면 빈약한 근거라도 동료의식을 만들어낼 수도 있을 것이며, 동료의식을 정당화할 만한 근거가 충분하다면 자연히 네트워크를 조직할 필요성도 형성될 수 있기 때문이다.

에 앞서는지, 아니면 양자는 독자적으로 형성되는지 파헤치는 것 또한 하나의 중요한 연구주제다.

학교력은 어떻게 정의되는가

사회적으로 통용되는 상징으로서 학교력은 형성과 재생산의 구조가 학벌보다 훨씬 복잡하다. 학벌은 특정 학교를 나온 사람들끼리만 동료의식이 공유되면 형성될 수 있는 것이지만, 학교력은 정의상 사회적으로 만들어진다. 다시 말해 학교력은 그것을 잉태한 사회의 구성원 또는 구조, 한 발 더 나아가 사회의 구성원과 구조를 만들어낸 역사와 밀접하게 관련된다. 결국 학교력의 형성과 재생산의 방식은 학벌에 비해 시대와 지역에 따른 다양성이 훨씬 클 것으로 보인다.

그러므로 일반적으로 학교력이 반드시 '개인의 능력'을 나타내지만은 않는다. 성직자·귀족·재벌과 같이 특정한 신분·계급만이 입학할 수 있는 학교가 있다면, 당해 학교를 나왔다는 것 또는 당해 학교력을 보유하고 있다는 것은 곧 해당 신분·계급에 속한다는 증표다. 물론 특정한 신분·계급에 속한다고 해서 모두가 곧바로 갈 수 없는 학교라면, 적어도 그 집단 내부에서는 신분·계급의 후광 없이 특정 학교력이 별도로 나타내는 바가 있을지도 모른다. 한편, 현대 한국의 학교력 형성 및 재생산에 대해서는 별도로 후술하겠다.

학벌과 학교력은 어떻게 관계되는가

학벌과 학교력은 개념적으로야 쉽게 구별되지만, 현실에서도 반드시 그렇다고 보장하기는 어렵다. 따라서 현실에서 학벌과 학교력이 각자의 형성과 재생산에서 상호작용하는지, 만약 그렇다면 작동방식이 무엇이냐는 분석이 필요하다. 나의 가설은, 양자가 일정 수준 상호작용을 하고 있다는 것이다. 그렇지 않다면 적어도 국내에서 오랫동안 학벌과 학교력의 개념이 분리되지 않기는 어려웠을 것이다.

학교력과 학벌이 이미 확립되어 있으며 구별 가능한 것을 전제로, 양자 간의 상호작용은 비교적 쉽게 추정할 수 있다. 첫째, 사회에서 내세울 만한 학교력을 지닌 사람들은 그렇지 않은 사람들에 비해, 사회적으로 높은 지위에 머물고 있거나 향후에 올라갈 가능성이 크다.* 따라서 이들이 담합했을 때

---

* 개인이 사회적으로 내세울 만한 학교력을 보유했다는 사실과, 개인이 실제 높은 사회적 성취를 이루었다는 사실은 인과관계로 묶여 있을 수도, 상관관계에 불과할 수도 있다. 나는 양자의 성격이 융합된다고 본다. 학교력이라는 상징 배후의 '실체'가 인과를 형성할 수도, 상징이 그 자체로 하나의 독자적인 '실체'로 작동할 수도 있다.

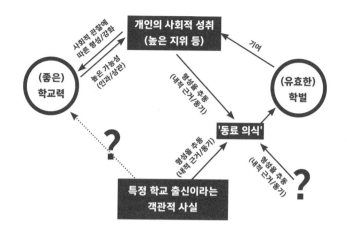

학교력과 학벌 사이의 가설적 관계

얻을 수 있는 유무형의 이득은 그렇지 않은 사람들에 비해 훨씬 크다. 나아가 이들은 서로가 동급의 인물이라는 것에 대한 강력한 확신을 가진다. 이들은 사회적으로 내세울 만한 학교력을 지닌 사람들일수록 학벌을 형성할 강력한 근거를 갖는다.**

둘째, 개인이 향유할 수 있는 권력이나 경제적 자원 기타

** 물론 특정 학벌이 언제까지나 강화된다는 보장은 없다. 예컨대 특정 대학을 기준으로 하는 대규모 학벌이 사회의 각종 자원을 안정적으로 독차지한다고 하자. 그렇다면 그 사람들끼리는 독차지하는 자원을 내부적으로 어떻게 분배할 것인가를 두고 분쟁이 벌어질 가능성도 있다. 이 과정에서 중학교·고등학교 수준의 학교력이나 학과·신앙·동아리·지역연고 등으로 묶이는 소규모 파벌이 발생할 수 있다.

사회적 기회는 유효한 학벌의 도움을 받을 때 더욱 많아진다. 그리고 학벌이 작용한 결과들이 일반적으로 널리 관찰된다면, 특정 학교 출신이라는 사실은 '입신양명의 길'이니 '유착과 비리의 온상'이니 등의 각종 상징을 얻는다. 학교력이 나타내는 바가 새롭게 만들어지거나 또는 더욱 강화된다.[*]

때로는 어떠한 행위 내지 현상이 학벌에 의한 것인지 아니면 학교력에 의한 것인지 분간이 어려울 때도 있다. 처음에 언급한 일부 금융기관의 채용 문제를 살펴보자. 신입사원을 선발하면서는 특정 학교 출신의 지원자들이 다수 합격하도록 입사시험 성적을 조작했다. 만약 그 과정에서 특정 학교 출신인 임원의 지시가 없었다면 그것은 해당 회사가 특정 학교력에 집착했기 때문이다.

반면 그 과정에서 특정 학교 출신인 임원의 지시가 있었고, 임원이 나중에 신입사원들에게 특혜 사실을 알려주고 그 대가로 암암리에 파벌 형성 등의 도움을 받았다면, 그것은 학벌이 작용한 현상이다.

문제는 특정 학교 출신 임원이 조작 지시는 했지만, 그렇게

---

[*] 경상대학교에서 진행한 2004년 설문조사에 따르면 이른바 명문대를 나온 학생들은 취업이나 승진에서 유리한 점이 많다는 인식이 사회에 팽배했다. 최태룡·이전, 「대학서열체제에 대한 사회조사」『대학서열체제 연구: 진단과 대안』, 한울아카데미, 2004, 208쪽.

합격한 신입사원들로부터 어떤 식으로든 도움을 받지도 않고 심지어는 개인적인 네트워크도 형성하지 않았을 때다. 이러한 현상은 어떻게 설명해야 할까? 인적 네트워크로서 학벌이 작동했다고 보아야 할까, 아니면 해당 임원이 모교의 학교력(예컨데 '유능한 인재를 배출하는 학교')을 맹신했기 때문일까?

현대 한국의 학교력

학교력을 다룰 때 짚어야 할 것은 크게 네 가지다. 첫째, 학교력의 내용은 무엇이며 어떻게 구성되어 있는가? 둘째, 현대 한국에서 학교력, 더욱 구체적으로는 수직적인 학교서열이 재생산되는 작동방식은 무엇인가? 셋째, 현대 한국에서 수직적인 학교서열은 처음에 어떻게 형성되었는가? 넷째, 학교력의 역사적 형성과 재생산을 뒷받침하는 어떠한 믿음들이 있다면 그것은 무엇이며 또 타당한가? 네 가지 질문에 엄밀하고 또 포괄적인 답을 하는 것은 치밀한 실증과 이론 연구를 필요로 하므로, 여기서는 가설을 제시하고 가능한 경우 증거와 예시를 제시하는 수준에서 다룬다.

참고로 본 장에서는 학교력이 학벌과 결합하는 문제는 거의 다루지 않았다. 물론 현대 한국의 학교력이 형성되고 재생산되는 과정에서 학벌이 상당한 영향력을 발휘했을 것이다. 그러나 학벌의 작동방식은 언론이나 기존의 연구에서 많이 다루었기 때문에, 여기에서는 상대적으로 주목받지 못하였던 학교력과 고유의 작동방식을 중심으로 검토한다.

학교력의 내용과 구성

현대 한국에서 학교력은 무엇을 상징하는가? 일단, 오늘날 한국에서는 기부입학을 인정하지도 않으며, 극소수의 외국인학교를 제외하면 특정한 신분·계급·계층만 입학하지도 않는다.

물론 집안의 재력과 정보력이 이른바 명문학교 입학에 영향을 준다는 시사적 분석과 학술연구가 있는 것이 사실이고 이것을 부정하지는 않는다.* 그러나 교육 당국은 공식적으로는 재력과 정보력이 입학 가능성에 주는 영향을 줄이려고 노력한다. 입시를 치르는 고등학교와 대학은 기본적으로 사회적 약자를 위한 특별전형을 운영하며, 특히 대학 학교력의 정점에 위치해 있는 서울대학교는 지역균형전형도 운영한다.

이러한 전형은 교육기회의 사각지대에 놓여 있는, 그러나 우수한 학업역량을 가진 이들을 배려하려는 목적이다. 따라서 통상적인 전형에 비해 학생이 지금까지 일궈온 실적보다는 고난을 극복한 과정에 초점을 맞추어 심사한다. 이러한 점에 비추어볼 때 적어도 교육당국은 공식적으로 학교력이 학생이 속한 가정의 사회경제적 지위를 나타내는 것으로 받아들여지기를 원치 않음을 확인할 수 있다. 이것은 교육이 사회경제적지

---

* 61쪽 주석**을 참조하라.

위 상승의 사다리여야 하며, 교육은 기본적으로 개인이 지닌 역량에 맞추어 이루어져야 한다는 믿음에 바탕한다.

대학 학부 이상의 학교급에서의 학교력

대학의, 특히 학부에서의 학교력은 무엇을 상징하는가? 경험적으로 살펴보면, 사회 일반이 학교력에 부여하는 의미는 일차적으로 '공부'라는 단어로 대표되는 개인의 학업역량과 관련된다. 또한 학교력은 상대적으로 서열화되는 경향이 강하다. 어떤 대학은 '공부를 잘하는 학생들이 치열한 경쟁을 거쳐 모인 곳'이고, 어떤 대학은 '공부 못하는 애들이 갈 데 없어서 가는 곳'이다. 사실 이것은 굉장히 거친 정의이고, 실제로는 '서연고 서성한······'으로 시작되는 대학서열이 무슨 왕조의 군주 순서 외우듯이 불린다.

뿐만 아니라 대학의 서열은 문과의 경우 특히 서울대학교를 정점으로 일극화되어 있는 경향이 짙다.* 이과의 경우에는 카이스트나 포스텍 혹은 지방의 주요 의과대학이 있어서 문과에 비하여는 다양하게 지망이 분산되는 성향을 띠기는 하지만, 그럼에도 불구하고 학생의 선호도에서 서울대학교의 우

---

* 물론 학과의 선호도 차이가 종종 학교 차이를 뒤집기도 한다.

위는 여전하다.

물론 학교력에 '학풍'이라고 볼 수 있는 '교육'과 '연구'의 경향성이 담겨 있는 경우도 있지만, 그것은 대학서열에서 비슷하여 상호 경쟁하는 학교들 사이에서 구별하는 정도이다. 더군다나 이러한 교육과 연구의 경향성은 학부 단계의 학교력에서 나타나기보다는 대학원 단계의 학교력 또는 지도교수력歷에서 더욱 더 뚜렷하게 드러난다.

그렇다면 학부 수준에서 대학을 서열화하는 주된 요소는 무엇인가? 대학이 제공하는 교육과정의 수준이나 교원의 역량인가? 재단이 학생들에게 제공하는 장학금이나 복지의 수준인가? 아니면 졸업생들의 사회적 성공인가? 물론 이것도 부분적으로는 영향을 미치지만, 대학서열은 기본적으로 입학 성적에 굉장한 영향을 받는다. 학력고사나 대학수학능력시험 점수가 입시에서 절대적인 영향을 미치던 시절에는 사교육계에서 발행하는 배치표가 있어서 서열이 굉장히 엄격한 편이었으며, 입학사정관 제도가 일반화된 오늘날에도 대강의 서열은 유지된다. 결국 위에서 말했던 학교력의 상징으로서 '공부'는 기본적으로는 '입시와 연결되는 중고등학교 시절의 학과 공부'라고 보는 것이 적절하다.

대학서열은 경직되어 있으면서도, 어떤 면으로는 계속 변화한다. 서울대학교를 정점으로 하는 서열은 현대 한국에서 바뀌지 않았지만, 서열에서 그보다 열위인 학교들은 장기적으로 변화하는 경우가 종종 있다. 재단의 경제적 여력이나 운영 의지가 바뀌면서 중장기적으로 서열에서 오르기도 하며, 반대로 사학이 비위를 저지르고 그에 따라 분규가 일어나면서 떨어지기도 한다. 대학이 서울에서 그 바깥으로 이전하면서 서열에서 하락하기도 한다. 지방 국립대학의 경우 1980년대 후반부터 서울의 주요 대학과 비교하여 입학점수를 기준으로 하는 서열에서 점차 밀려 내려갔다.

다만 전공분야에 따라서는 대학서열이 비교적 덜 엄격한 경우도 있다. 의학계와 과거 학부제 시절의 법학계가 대표적이다. 물론 이들 전공에서도 서울대학교가 최상위의 극점을 유지하고 있는 건 사실이다. 그러나 서울대학교를 제외한 서울 몇몇 주요 의과대학과 지방거점국립대학 내에 설립된 의과대학의 선호도는 학생마다 상이하다. 예컨대 부산에 사는 학생은 서울대학교 의과대학을 못 간다면 서울권 주요대학의 의과대학보다는 부산대학교 의과대학을 가는 선택을 할 가능성이 충분히 있다.

이러한 까닭으로는 몇 가지를 제시해볼 수 있다. 첫째, 의학계는 이과 고등학생의 선망이어서 고등학교 또는 수능에서의 성적이 우수한 학생들(대략 상위 1퍼센트)이 몰린다. 어느 학교에 진학할지는 그 안에서 벌어진다. 둘째, 의학교육은 인증제도로 말미암아 난도나 엄격성에서 최소한도가 보장될 뿐만 아니라, 학교력과 별개로 의사로서의 역량을 평가할 고시가 따로 치러진다. 셋째, 의과대학 졸업자 상당수는 개업의로서

학력 고사 점수	1985		2018		
	서울권 대학	지방국립대	수능 백분위 합	서울권 대학	지방국립대
273	고려대 영문학	부산대 영어교육	295	고려대 경영학 연세대 경영학	
271	고려대 영어교육 서강대 경영학 성균관대 법학	경북대 영어교육	>287	서강대 경영학 성균관대 경영학 이화여대 인문계 한양대 정책	
267	서강대 영문학 성균관대 경영학 이화여대 영문학	부산대 역사교육 국어교육	>271		부산대 경영학 경북대 경영학 전남대 국어교육
262	성균관대 경제학 한국외대 영어	부산대 지리교육 역사교육 전남대 영어교육	>261		전남대 경영학
257	고려대 국어교육 이화여대 영어교육	경북대 법학 역사교육 부산대 경영학 윤리교육			
254	한양대 행정	경북대 경영 부산대 무역			

'배치표' 상에서 서울 주요대학과 지방국립대학 (인문계) 위치 변화
출처: "내 점수면 어느 대학에 갈 수 있나", 동아일보, 1984. 12. 20., 2018학년도는 메가스터디 배치표 참고.

각자의 생활기반에서 자영업을 하므로, 지방학생들의 입장에서는 서울대학교 의과대학이 아닌 이상 반드시 서울 소재 대학에 가야 한다는 필요성을 덜 느낄 수도 있다.

1985년도에는 주요 지방국립대의 인기과 입학성적이 서울권 대학의 인기과 입학성적과 대등한 편이었으나, 2018년도에 오면 무시하기 힘든 격차가 발생했음을 확인할 수 있다.

고등학교 이하의 학교급에서의 학교력

한편 고등학교 이하의 학교급에서도 학교력이 충분히 존재할 수 있고 역사적으로 그래왔다. 단적인 예로, 1970년 중학교 입시 폐지 이전에는 일류중 또는 명문중이 있었고, 1974년부터 순차적으로 고등학교 입시가 폐지되기 전까지는 일류고 또는 명문고도 있었다.

중학교 입시 폐지 이후 중학교는 현재까지 소수의 국제중학교·사립중학교를 빼면 거주지에서 가까운 곳에 배정되는 것이 원칙이다. 따라서 눈에 띄는 학교력(전국 단위의 학교서열 등)은 눈에 띄게 드러나지 않는다. 물론 경우에 따라서는 '못사는 동네 학교'니 '잘사는 동네 학교'니 같은 말이 조금씩 도는 것은 사실이다. 대치동과 같은 사교육 중심지의 중학교는 공립학교더라도 일부 부모들의 선망의 대상이 되기도 한다. 그러나 이것은 해당 지역의 사회경제적 지위에서 유래하는 것이지, 학교가 우수한 교육과정·교원을 보유하고 있다거나, 당해 학교를 나오면 학벌을 형성할 수 있다거나, 아니면 좋은 학교력으로 인정받을 수 있다는 믿음 때문은 아니다.

고등학교의 경우에는 상황이 조금 다르다. 경기과학고등학교를 필두로 하여 1980년대 중후반부터 등장한 특수목적고등학교(과학고등학교·외국어고등학교)는 광역자치단체 단위로 별도의 입학시험을 실시하여 성적이 우수한 학생들을 선발하며, 일반고등학교와는 약간 다른 교육을 실시한다. 2003년 한국과학영재학교의 개교와 함께 처음 도입되었으며 2009년 이후에 전국으로 확대된 영재학교는 전국 단위로 별도의 입학시험을 실시할 뿐만 아니라 교육과정과 교원인사 편성에 거의 전적으로 자율성을 보장받는다.[*]

그 밖에도 이명박 정부 이후에는 영재학교나 특목고 외에도 자립형사립고등학교 등을 법제화하여 별도의 입학시험을 치르고 나아가 교육과정 편성에 약간의 자율성을 부여했다. 영재학교·특목고·자립형사립고등학교는 애초에 입학시험을 거쳐 '우수한' 학생들을 선발했다. 또 그들 간에 경쟁을 촉진하

---

[*] 『영재교육 진흥법』 제11조의 2, 제12조, 제13조.

다 보니 일반고등학교 출신들에 비해 학교력 좋은 대학에 입학할 가능성이 높다. 일류고·명문고가 사실상 부활한 것이다.

상술한 고등학교를 졸업했다는 것은 '학업역량이 우수한 재원'이라는 표지로 작동한다. 물론 이러한 사실은 학생의 실제 학업역량을 일정 부분만 반영하지만, 동시에 실제 학업역량과 별개로 하나의 상징이 된다. 나는 비공식적으로나마 어느 입학사정관으로부터 지원서를 볼 때 당해 지원자의 출신 고등학교를 무시하지 못하며 나아가 지원서에 기재된 사항만으로 판단이 어려울 때에는 출신고등학교에 의존하여 뽑을 때도 적지 않다는 말을 들은 바 있다.

물론 대학에 입학한 다음에는 개인을 상징하는 주된 학교력은 대학의 학교력이며, 고등학교 학교력은 부수적이다. 그러나 대학 학교력이 비교적 균일한 집단, 예컨대 학계나 고위공무원 집단 또 사교육계에서는 고등학교 수준의 학교력을 중요하게 따지거나 그것으로 아예 학벌이 형성되던 시절이 있었다. 고등학교의 재서열화 속에서 자라난 세대가 사회의 주력으로 진입하는 2020년대 이후에는 역시 비슷한 현상이 발생할 것으로 보인다.

한편, 통상적으로 고등학교 학교력으로 끝나는 실업계의 경우에는 한때 일부 실업계고등학교가 일반적인 인문계고등학교 이상의 학교력을 자랑하곤 했다. 그러나 대학교육이 대중화되면서, 대학교육의 준비와는 다소 거리가 있는 이들 고등학교의 학교력은 과거에 비해 많이 떨어졌다고 볼 수 있다.

학교력의 기능 및 한계

현대 한국에서 학교력은 어떻게 기능하는가? 사회 각 분야에서 널리 기능하겠으나, 채용··승진·보직배치와 같은 인사문제가 그 폐단으로 언급되는 핵심적인 분야이다. 이 경우 단순히 학교력만이 영향을 주었다기보다는, 학벌과 결합된 결과물이다.

학교력이 노골적으로 인사에서 절대적인 영향력을 행사하던 것은, 종종 적발되는 비리에도 불구하고 2010년대 이후에 어느 정도 줄었다. 고시를 치르는 일반직 직업공무원은 적어도 채용에서는 학교력이 전혀 작동할 수 없는 구조다. 그리고 공기업·대기업에서도 블라인드 채용을 채택하고 자체적인 입사시험과 성과평가제도를 도입했다. 예컨대 대기업에서 부장 정도까지는 학교력이 다소 떨어지더라도 자신의 성과가 좋다면 올라갈 가능성이 커진 것이다.

그러나 직원에서 임원으로 넘어가는 장벽은 여전하다. 임원 승진은 기업의 이른바 오너 내지 최고경영자급에서 결정한다. 최고경영자는 대체로 높은 학교력을 갖고 있는 사람이어서 '팔이 안으로 굽을' 가능성이 있어 보인다. 물론 이 경우에는 순수하게 학교력만이 작용한 결과라기보다는 학벌까지 작용한 결과라고 보는 것이 타당하다.

한편, 최근 보도에 따르면 스타트업 업계에서도 대표의 학교력이 초기 투자를 받는데 굉장히 중요한 기준으로 작동한다. 인큐베이팅 내지 시드 단계의 투자는 사업성과가 아직 나오지 않았으므로 대표의 역량과 경력, 또 의지를 검토할 수밖에 없는데, 역량과 경력을 판단하는 기준 중 하나가 학교력이 된다.[*]

왜 창업투자를 하는 벤처캐피탈들은 대표의 학교력을 많이 볼까? 여기에는 두 가지 까닭이 작용한다. 좋은 학교력을 갖고 있을수록 학벌의 도움을 받아 사업을 효과적으로 키울 가능성이 높다. 한편, 학교력이 좋다는 것은 일반적인 업무역량이 뛰어나다는 징표로 사용된다. 사실 좋은 학교력을 가진 것과 사업을 성공하는 것의 연관성이, 좋은 학교력과 다른 것의 관계보다 더 낮을 수 있음에도 불구하고 말이다. 당장 우리는 변변치 않은 학력, 학교력에도 불구하고 자신의 사업을 일군 사람들을 적잖이 보아왔다. 물론 그러한 사례가 예외적

***

[*]   주승호, 「반복되는 스타트업 학위 부풀리기 논란」, 벤처스퀘어, 2019. 7. 29.

일 수는 있어도, 그 예외를 분명 무시할 수 없다.

　대학 입학 당시의 성적을 중심으로 짜인 대학서열이 엄밀히 따져볼 때 개인의 능력을 항상 보증할 수는 없다. 입학을 위한 필기시험에서는 개인의 능력 중 특수한 일부분만 확인할 수 있으며, 대학을 입학한 다음에 어떻게 생활하였는가에 따라서 개인의 능력은 발전할 수도 있고 제자리일 수도 있기 때문이다. 뿐만 아니라 능력이 발전했다고 하더라도, 그 방향성은 사람마다 천차만별이다. 여기에서 우리는 논의를 크게 두 가지 다른 흐름으로 진전시킬 수 있다. 하나는 기존의 연구나 시사적 글쓰기가 그래왔듯이 학교력을 철폐해야 한다는 당위를 내세우고 그 방법을 내놓는 것이다. 다른 하나는 왜 그러한 학교력이 사회에서 통용되고 있는가를 검토하는 것이다. 이 글은 이제 후자를 살펴볼 것이다.

정당화기제

현대 한국의 학교력은 법적으로 강제되지 않는 사회적 믿음이다. 사회구성원들이 학교력의 존재를 인정하기 때문에 그것이 비로소 하나의 사회적 실체로서 의미를 갖고 작동한다는 뜻이다. 법적으로 강제되지 않는 믿음이란, 사회구성원들은 학교력을 부정할 수 있는 자유가 충분히 있으며 일거에 모든 사람들이 학교력을 부정하게 된다면 폭력적인 변화 없이도 학교력은 사라질 수 있다는 뜻이다.* 예컨대 국가는 학교력에 따른 사람의 차별을 인정하기는커녕 오히려 부정하려 들고 있음을 우리는 앞에서 살펴보았다.

그럼에도 불구하고 현대 한국 사회에서 학교력이 사람을 평가하고 나아가 자원을 차별적으로 분배하는** 주요한 수단으로 사용되는 까닭은 무엇일까? 다시 말해 학교력을 정당화하는 논리 또는 믿음은 무엇인가? 이를 분석하기 위해 우리는 학교력의 구성을 다음과 같이 도식화해본다.

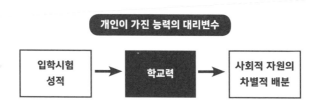

학교력이라는 믿음 체계

*   법적으로 강제되는 믿음은 신분제사회와 자본주의적 생산양식을 예로 들어볼 수 있다. 신분제사회는 법적으로 인간이 평등하지 않을 수 있다는 믿음이지만, 다른 한편으로 국가가 신분의 차별을 실효화한다는 점에서 강제된다. 자본주의적 생산양식의 경우, 만인의 신분적 자유와 굶어 죽을 자유 그리고 생산수단의 사적 소유로 구성된 믿음이지만, 생산수단의 사적 소유가 법적으로 보장된다는 점에서 법적으로 강제되는 것이다.

**   좋은 일자리, 높은 임금, 창업 기회 등 모든 것을 포괄한다.

학교력이라는 믿음 체계를 구성하는 믿음은 크게 세 가지로 나누어진다. 첫 번째, 학교력은 개인이 가진 능력을 가장 효과적으로 증명한다는 믿음이다. 두 번째, 학교력은 입학성적에 따라서 서열화될 때 비로소 개인이 가진 능력을 증명하는 데 효과적이라는 믿음이다. 세 번째, 사회적 자원의 분배는 개인이 가진 능력에 따라서 차별적으로 이루어져야 한다는 믿음이다. 첫 번째와 두 번째 믿음은 연결되며, 세 번째 믿음은 앞의 두 믿음과는 성질이 다소 다르다. 세 번째는 학교력이나 학벌과 관련되기보다는 일종의 '능력주의Meritocracy' 사고방식이다.

첫 번째 믿음과 두 번째 믿음은 같이 검토해야 한다. 대학 졸업자의 가장 큰 수요처라고 할 수 있는 기업이나 그 밖의 사회 일반은 지원자의 학교력을 개인의 능력을 효과적으로 증명한다고 인지하는가? 그리고 하필이면 교육과정의 우수성이나 교원의 질 등이 아니라 대학에서의 입학성적에 따라 서열화된 학교력을 널리 사용하는가?

기술적인 차원에서 보면, 교육과정의 질이나 교원의 우수성을 오랜 시간을 들여 종합적으로 검토하는 것보다 숫자로 나타나는 입학성적을 서열화하는 것이 편리하다. 그러나 근본적인 이유는 대학의 교육과정이 학생의 역량을 기르는 데, 특히 기업이 필요로 하는 학생의 역량을 기르는 데 최적화되어 있지 않은 데 있다.*

현대 한국 대학의 역사를 살펴보자. 대학은 오랫동안 교육과 연구의 방향성을 뚜렷하게 잡지 못했다. 1950년대에는 정원 확대에만 치중하여 기본적인 대학설립기준조차 준수하지 못하는 대학들이 속출했다.** 같은 시기 서울대학교의 이공계·의학계 등은 서울대-미네소타대 프로젝트*** 등을 통해서 교육의 물적·인적 기반을 다지기는 했지만, 여전히 국가 또는 사회가 요구하는 인재상을 설정하고 양성하는데 주도적인 역할을 했다고 보기는 어렵다.****

1960년대 중반부터 중화학공업을 중심으로 한 공업발전이 이루어졌다. 그러나 이러한 발전은 여전히 해외기술 도입이

---

* 나는 대학의 교육과정이 기업이 요구하는 바에 최적화되어 있지 않다는 것이 옳다거나 잘못되었다는 주장을 하려는 것이 아니다.

** 당시 언론에서는 '대학기업'이라는 말이 유행했다. 대학을 세운 재단들이 학생으로부터 수업료를 받아 자기 배만 불리는 데만 혈안인 것이 마치 이윤을 추구하는 기업과 비슷하다는 것이다. 오늘날로 말하면 부패·비리사학에 가까운 말이다. 「불황기에 당면한 대학기업」, 동아일보, 1957. 2. 18., 1면을 참조.

*** 미국 정부의 재정 지원을 받은 주립 미네소타대학교University of Minnesota와 협력하에 서울대학교의 물적·인적 기반을 개혁한 프로젝트. 서울대-미네소타대 프로젝트에 관한 자세한 사항은 다음을 참조하라. 김명진, 「1950년대 고등교육 협력에 관한 연구: 서울대-미네소타대 프로젝트 사례」, 서울대학교 박사학위청구논문, 2009.

**** 물론 이것은 당대 대한민국의 열악한 공업 기반도 한몫했다. 인재를 양성해도 써줄 곳이 없으니 어떤 인재를 길러야 할지에 관한 논의가 표류할 수밖에 없었을 것이다. 이에 관한 연구는 다음을 참조하라. 강기천·최형섭, 「공업 없는 공학 — 1950-60년

나 현장 숙련기술자 양성에 크게 의존했고, 대학은 과학기술자를 양성하는데 선도적인 역할을 수행하지는 못했다. 선진국의 대학, 특히 미국의 대학이 양차 세계대전을 전후로 하여 첨단 과학기술의 발전을 이끌기 시작했던 것과 대조적이다.***** 한편 사회정책·경제정책을 제안하는 데서도 국가관료의 역할이 매우 컸지, 대학은 뚜렷한 역할을 하지 못했다.

따라서 대학졸업자의 가장 큰 수요라고 할 수 있는 기업이나 국가 입장에서는 대학의 교육과정이 얼마나 잘 구성되었는지, 교수가 얼마나 뛰어난지, 또 학생이 그러한 교육과정에서 얼마나 잘 훈련되었는가를 검토하는 것이 큰 의미가 없었다. 그러므로 대학졸업자들을 채용하면서 일반적인 지적 능력이나 업무역량을 평가하는 수밖에 없었다. 이를 위해 국가나 기업은 별도의 시험을 치르기도 했지만, 시험을 시행하는 데에 많은 품이 들어 중소기업 등에서는 엄두를 내기 어려웠다.

기업에서는 입학성적에 따라 서열화된 학교력을 민감하게

대 서울대학교 공과대학의 지향과 현실」, 『사회와 역사』 제119호, 2018.

***** 현대 한국의 과학기술 정책과 대학의 관계에 관해서는 다음을 참조하라. 강기천, 「한국과학재단의 설립과 대학의 기초연구: 1962-1989」, 서울대학교 석사학위청구논문, 2014; 박희제, 「한국 대학에서의 과학연구의 성격과 변화」, 『사회이론』 제30호, 2006. 힌편 양차 세계대전 저후로 미국에서 '연구대학Research University'이 일반화된 과정에 관해서는 다음을 참조하라. Geiger, Roger L., To Advance Knowledge, Oxford University Press, 1986.

보게 되었을 가능성이 높다. 입학성적이 좋다는 것은 그가 중등교육과정을 주어진 틀 내에서 성실하게 그리고 우수하게 이수하였음을 보여주는 징표다. 그러한 이수능력을 갖고 있다는 것은 재교육을 받았을 때 현장에 배치되어 좋은 성과를 낼 수 있는 인재일 가능성이 높음을 보여준다. 더군다나 당시에는 입학전형이 예비고사와 학력고사 등으로 전국적으로 고도로 표준화되어 있어서 판단하기가 훨씬 수월했다.

물론 학교력이 상징하는 '평균적인 업무능력'과 개인의 실제 업무능력은 괴리가 있었을 것이다. 국가나 대기업은 대규모로 신입을 채용했기 때문에 가끔 나오는 '함량미달'은 별도로 재교육하거나 도태시키면 될 문제였다.

세 번째 믿음과 관련해서 중요한 것은, 학교력을 따지는 것이 적어도 그 자체로는 능력주의와 반드시 배치되지 않는다는 점이다. 학교력을 개인의 능력에 관한 증거로 본다면, 이것이야말로 능력주의의 일종일 것이다. 다만 학교력이 학벌과 결부되면 능력주의와는 상이해진다.

재생산기제

학교력이 정당화되는 과정과 재생산되는 과정은 사실 융합되어 있다. 정당화되기 때문에 재생산되기도 하고, 재생산되기 때문에 사후적으로 정당화되기도 한다. 그러나 '정당화되지는 않지만 재생산되는' 현상도 있고 '정당화되기는 하지만 잘 재생산되지 않는' 현상도 있는 만큼, 이 글에서는 학교력에 관한 논의를 명료케 하고자 둘을 분리한다.

학교력을 재생산하는 기제는 시대마다 차이가 있다. 구체적으로는 산업사회로의 발전이 미진하고 대학졸업자에 대한 수요처가 적던 1950년대, 산업사회가 본격적으로 도래하면서 대학졸업자에 대한 수요처가 늘어나는 1960~1980년대, 산업사회로서의 성숙이 상당한 수준에 이르고 대학교육이 대중화되는 1990년대 이후의 시기로 나누어진다.

기본적인 경로

학교력이 재생산되는 방식 중 간단한 것은 다음과 같다. 특정 대학을 졸업하면 입신양명에 도움이 되는 현상이 경험적으로 관찰되었다고 하자. 그렇다면 중고등학교에서 학업성적이 우수한 학생들은 당해 대학에 입학하려고 경쟁할 것이다. 이러한 과정에서 그 대학에 입학하기 위한 성적의 하한선은 상승하거나 최소한 유지된다. 앞서 말했듯 기업에서는 입학성적에 따른 대학서열을 중요하게 보므로, 높은 입학성적은 대학서열에서의 높은 지위를 보장한다. 현대 한국에서 학교력은 곧 대학서열이고 상당 부분은 대학 밖에서 만들어지므로, 어떤 대학이 서열 내에서 자신의 위치를 바꾸는 것은 성공 여부가 불투명한 중장기적인 과제가 될 수밖에 없다.

학교력 경쟁과 그에 따른 서열화를 촉진한 요소로서 대학교육의 대중화도 무시할 수 없다. 대학졸업자가 적을 때는 대학졸업이라는 학력 그 자체가 개인이 지닌 능력의 상징일 수 있지만, 대학졸업자가 많아질수록 학력의 '가치'는 떨어진다.

지방대학의 지속적인 쇠퇴

1980년대 중반 이후에 의학계·법학계를 제외한 지방대학의 대학서열 내 지위가 꾸준히 하락하는 현상은 '수도권 집중화'라는 범사회적 현상에 기인한다. 대학졸업자들의 가장 큰 수요처 중 하나는 기업인데, IMF 외환위기 전에는 지방을 거점으로 하는 대기업집단, 이른바 '향토기업' 다수가 지방 주요 대학 출신자들을 흡수했다. 향토기업들은 지역에서의 인적 네트워크 구축을 위해 이러한 조치를 취했다. 따라서 서울에서 자리를 잡을 생각만 하지 않았다면, 지방의 주요 대학을 나와 취직하는 삶의 경로가 비교적 확고했다.

그러나 IMF 외환위기를 수습하는 과정에서 지방 향토기업들이 상당 부분 해체되고 수도권의 대기업그룹 중심으로 재편되면서 이러한 경로가 끊겼으리라는 것이 나의 가설이다. 이는 앞에서도 언급한 바 있는, 의학계통에서의 대학서열은 일반 학과의 대학서열보다 약하다는 관찰과 일정 부분 상통한다. 이처럼 지방대학의 학교력을 활용할 방법이 없어지면 학생들의 입학경쟁이 낮아져 입학성적은 점차 떨어진다. 그리고 낮아진 입학성적은 대학서열에서의 지위 하락을 불러일으켜 입학성적의 지속적인 하락으로 나아간다. 물론 '대학다운 대학'이라면 입학성적이 떨어지더라도 그 하한이 있으며, 그 선은 당해 대학이 갖추고 있는 교육과 연구의 수준, 또 대학이 위치한 지방의 사회경제적 활기에 의존한다.

대학특성화사업의 영향은?

한편 1990년대 이후 진행되고 있는 대학특성화사업이나 대학 구조조정은 부분적으로 대학서열을 완화하지만, 역설적으로 이를 강화하기도 한다. 학교력을 완화시킨다는 것은, 이들 사업에 참여할 수 있는 자격이 단순히 학교의 사회적 평판에 따르는 것이 아니라, 전임교수충원률·장학금지급비율과 사업계획의 우수성 등의 지표를 종합적으로 평가한다는 뜻이다. 따라서 지방의 사립대학이라도 충분한 자금력과 의지를 갖추었다면 서울권 대학과 견주어 손색없는 교육 수준을 갖추고 있음이 드러난 반면, 서울권 대학 일부는 낮은 평가를 받아 체면을 구기기도 했다.

반면에 대학서열을 강화한다는 것은, 대학서열 상위에 있는 대학들이 모든 지표에서 고득점을 획득할 가능성이 상대적으로 높기 때문이다. 이들 대학은 우수하다고 평가받는 인적 자원을 독점해, 동일한 물적 조건하에서는 교육 또는 연구 성과가 우수할 가능성이 높다. 더군다나 대학서열에서 상위에 있는 대학은 사회적 평판에 기초해 발전기금 등을 많이 모금해서 그렇지 않은 대학에 비해 물적 조건도 나을 것이다.

그 밖에도 사업 참여 여부를 심사하는 면접관들이 "이왕이면 우수한 학생들이 모인 학교에 지원해주는 게 낫지 않을까" 또는 "이른바 명문대이니 사업을 잘하겠지"라는 생각을 갖고 대학서열이 높은 곳에 높은 점수를 부여할 가능성도 배제할 수는 없다.

학교력의 역사적 기원

앞에서는 학교력의 정당화기제와 재생산기제를 간단히 살펴보았다. 그런데 정당화기제와 재생산기제는 기본적으로 입학

성적으로 서열화된 학교력의 존재를 전제한다. 그렇다면 이러한 학교력은 언제부터 형성되었을까? 기원을 찾아보기 위해서 우리는 해방 직후로 돌아간다.

도회지의 교육열은 해방 직후부터 이미 상당했다. 대표적으로 서울(당시에는 한양도성과 성저십리 그리고 영등포 정도를 포함했다)은, 정상적인 학교 운영이 불가능했던 전쟁기를 제외한다면 해방 직후부터 4·19혁명 이전까지 매년 국민학교 졸업생의 70퍼센트 이상이 중학교 진학을 희망했다.

서울은 중학교 입학정원도 많은 편이었다. 같은 시기 중학교 진학희망자 대비 중학교 입학정원의 비율은 대체적으로 1 대 1에서 1.5 대 1 사이였으며, 때로는 진학희망자의 수가 정원에 미달되기도 했다. 그러므로 사람들의 욕구가 단순히 높은 학력을 취득하는 데에 그쳤다면, 적어도 서울에서는 개별 중학교의 입학시험 경쟁률이 2 대 1을 넘을 이유가 없었을 것이다.

그러나 현실은 해방 직후부터 일류 내지 명문으로 불리는 중학교를 들어가려면 (해마다 약간의 차이는 있지만) 최소 2 대 1에서 3 대 1의 경쟁을 뚫어야 했다. 반면 지원자가 정원에 미달하는 중학교도 있었다.

새칭 일류 내지 명문 중학에 들어가려는 국민학생은 필답고사를 대비해 과외를 받는 것이 일반적이었다. '입시지옥'이라는 표현도 이 시기에 등장했다.[*] 이러한 세태를 두고 어느 신문은 사설에서 다음과 같이 꼬집었다.

"제아무리 극한적인 표현을 총동원해도 미흡한 것이 우리나라의 입시풍경이다. … 부모들은 자기 자녀들을 「잘팔리는 제품」으로 만들기 위해 K중학(경기중학교—인용자)의 프레임(뼈대)에 S대학(서울대학교—인용자)의 부속품을 끼워 이른바 K·S 마크의 보증품(?)을 조립하려는 잘못된 외길로 몰아 달린다."[**]

넓은 의미에서의 학벌(좁은 의미에서의 학벌과 학교력, 그리고 학력까지 포함한다)이나 학벌주의에 대한 비판 또한 1950년대에 이미 등장했다. 인적 네트워크로서 학벌에 대한 비판부터 살펴보면, 미군정에서 문교부장을 지낸 오천석은 이른바 국대안[***]을 만들어낸 까닭으로 옛 경성제국대학을 비롯해 여러 관립전문학교 출신들의 폐쇄적인 행태를 지적했다.[****] 그의 주장이 사실인가에 대해서는 논란이 있지만, 당시에 이미

---

[*] 영남일보, 1949. 12. 25., 2면, 자유민보, 1950. 4. 5., 2면, 민주중보, 1946. 6. 18., 2면, 연합신문, 1949. 2. 22., 2면 등.

[**] 「이대로 갈 것인가 한국교육—교육을 바로잡기 위한 '캠페인'—(1)입시지옥」, 경향신문, 1966. 11. 30.

[***] 1946년 7월 13일 미군정 교육당국은 국립서울대학교설치안(이하 '국대안')을 발표한다. 경성대학과 서울 근방의 9개 전문학교를 통합하여 9개 단과대학과 대학원으로 재편하고 최고의사결정기구로서 이사회를 두는 것이 골자였다.

[****] 오천석, 『한국신교육사 下』, 광명출판사, 1974, 39쪽; 오천석, 『외로운 성주』, 광명출판사, 1975, 99-102쪽.

초등학교 졸업생의 진학희망률

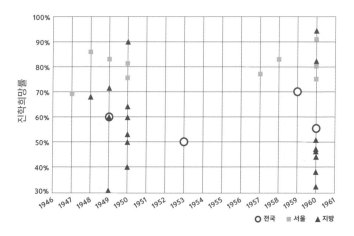

(1) N년의 진학희망률은 N년에 졸업식을 치르고 상급학교로 진학하는 학생의 것이다.

(2) 전국의 진학희망률의 출처는 다음과 같다. 조선중앙일보, 1949. 5. 21., 2면, 동아일보, 1954. 2. 15., 2면, 1959. 1. 18. 3면 (석간), 1959. 11. 14. 3면 (석간).

(3) 서울의 진학희망률은 다음과 같다. 민주일보, 1947. 5. 7., 2면, 한성일보, 1948. 6. 27., 2면, 1950. 3. 28., 2면, 대동신문, 1948. 6. 27., 2면, 경향신문, 1958. 2. 18, 2면 (조간), 동아일보, 1959. 9. 15., 3면 (조간), 1959. 9. 15., 3면 (조간), 1959. 11. 14. 3면 (석간). 같은 해의 진학희망률이라도 발표 시점이나 언론에 따라 다른데, 이를 모두 기록했다.

(4) 지방의 진학희망률은 다음과 같다. 영남일보, 1949. 4. 14., 2면, 1949. 6. 14., 2면, 군산신문, 1949. 6. 4., 2면, 강원일보, 1949. 6. 14., 2면, 동방東邦일보, 1950. 3. 22., 2면, 1950. 4. 26., 2면, 산업신문, 1950. 3. 30., 2면, 경향신문, 1950. 3. 28., 2면, 대중일보, 1950. 3. 22., 2면, 동아일보, 1959. 11. 14. 3면 (석간).

서울 소재 중학교의 단순 경쟁률 및 실제 경쟁 추이

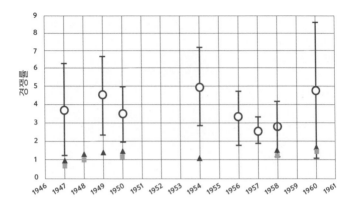

(1) 검정색 오차막대는 주요 중학교의 실제 경쟁률로, 막대의 아래 끝과 위 끝은 각각 경쟁률의 하한과 상한을 의미한다. 다만 실제경쟁률 자료는 언론보도에 의존한 것이기 때문에 이보다 경쟁률이 높거나 낮은 곳이 누락되어 있을 수 있다. 실제경쟁률의 출처는 다음과 같다. 중앙신문, 1947. 7. 2., 2면, 조선중앙일보, 1949. 7. 13., 2면, 동아일보, 1950. 5. 12., 2면, 1957. 3. 3., 3면, 1960. 2. 5., 3면 (석간), 1960. 2. 24., 3면 (석간), 경향신문, 1954. 3. 9., 2면, 1956. 3. 4., 3면, 1958. 2. 16., 2면 (조간)

(2) 삼각형은 서울 소재 국민학교 졸업예정자 수와 서울 소재 중학교 정원을 비교한 단순경쟁률이다. 1958년의 경우 1958년 2월 18일 조간으로 발간된 경향신문에 따른 국민학교 졸업예정자는 36,303명인데 비해 한국교육십년사의 통계는 30,677명이어서 상당한 차이를 보인다. 이 글에서는 1958년도의 단순경쟁률을 가능한 높게 계산하고자 경향신문 수치를 인용한다.

(3) 연한 사각형은 서울 소재 국민학교 졸업예정자 중 중학교 진학을 희망하는 사람의 수와 서울 소재 중학교 정원을 비교한 단순경쟁률이다. 따라서 지방 소재 국민학교 졸업예정자 중 서울 유학을 희망하는 사람의 수는 빠져 있다. 1960년의 진학희망자 통계는 발표 시점마다 다소 차이를 보이는데, 이 글에서 경쟁률을 계산할 때는 중간 값에 해당하는 수치를 사용한다.

(4) 단순경쟁률의 출처는 다음과 같다. 민주일보, 1947. 5. 7., 2면, 한성일보, 1948. 6. 27., 2면, 1950. 3. 28., 2면, 대동신문, 1948. 6. 27., 2면, 경향신문, 1954. 3. 21., 2면, 1957. 11. 12., 3면 (석간), 1958. 2. 18, 2면 (조간), 동아일보, 1949. 6. 11., 2면, 1959. 9. 15., 3면 (조간), 1959. 9. 15., 3면 (조간), 1959. 11. 14. 3면 (석간).

적어도 학벌 타파와 '실력 우대'라는 것이 개혁을 위한 하나의 명분이 될 수 있었음은 분명하다.

김성근 서울대학교 사범대학 교수도 다음과 같이 말한다.

"종래의 우리 학계에는 외부로부터 오는 압력이 아니라도 학계 자체 내에 학문의 자유롭고 순연한 성장을 저해하는 폐습과 난맥이 적지 아니 전습(傳襲)되어오고 있다. (…) 친소정실에 의한 파당이나 학벌의 형성은 학문의 발달을 위해서는 백해무익한 것이다."[*]

또한 경향신문 사설은,

"둘째, 학벌의 미신을 타파하자는 것이다. 동서고금을 막론하고 개인의 성공이거나 역사상의 공헌은 반드시 학벌가진 자의 손으로 된 것이 아니다. 오직 품격과 기능과 노력에 있어서 실력과 성의와 불굴의 정신을 가진 자에게 건설의 공이 있은 것이 아닌가."

라며 학벌을 비판했다.[**]

도회지, 특히 서울의 중산층 이상 가정에서는 해방 직후부

---

[*] "쇄신해야 할 학풍", 동아일보, 1960. 11. 11. 조간, 4쪽.

[**] 「학창을 나서는 청년들에게」, 경향신문 1958. 3. 6. 석간, 1쪽. 다만 이때의 학벌 비판은 특정 학교에 내린 '우대' 비판 외에도 대학 학력 보유자와 미보유자 간의 차별도 포함한다. 1950년대와 1960년대의 대학교육 이수자가 전체 인구 대비 차지한 비율을 감안하면 당연하다.

터 좋은 학교력을 취득하기 위한 경쟁이 이루어졌고, 그것에 대한 비판도 일찍 시작되었다. 따라서 학교력 취득 경쟁, 또는 그 부산물이라고 할 수 있는 '입시지옥'의 최초 형성 과정을 추적하려면 식민지 시기로까지 거슬러 올라가야 한다.[*]

---

[*]   물론 해방 직후의 학교력 취득 경쟁을 오늘날의 그것과 동일시하기는 어려울 것이다. 해방 직후와 오늘날 남한의 정치적·사회경제적·문화적 상황은 판이하게 다른 탓이다.

학벌과 학교력은 어떻게 폐지될 수 있는가

폐지를 위한 대안들

현대 한국에서 대학서열은 탄탄한 재생산체계를 갖고 있다. 정부 차원에서 재정을 지원하여 대학을 특화시키는 것만으로는 학교력의 격차, 다시 말해 대학서열을 약화시키는 데 분명한 한계가 있다. 그 때문인지 대학서열을 비판하는 논자들은 대학서열을 일거에 해소할 급진적인 방안들을 제안한다.

첫째는 '서울대학교의 구조조정'이다. 서울대학교 학부 출신들이 학벌주의의 정점에 있으므로 서울대학교 학부가 더 이상 졸업생을 배출하지 않으면 되지 않겠느냐 취지다. 공식적인 학부 과정의 폐지 이후에 서울대학교를 어떻게 할 것이냐는 것에 관해서는 여러 제안들이 있다. 대학원은 유지하여 연구 기능을 수행토록 하자는 주장도 있고, 순수학문을 위한 정원은 남겨두자는 주장도 있으며, 강의 자체는 개설하여 전국의 학생들이 수업을 들을 수 있도록 하자는 주장도 있다.

둘째는 '국공립대학네트워크안'이다. 서울대학교와 국공립대학 그리고 재정지원을 받기를 원하는 사립대학까지 포섭하여 공동으고 학위과정을 운영하자는 것이다. 학부과정에서 학생들은 지역에 따라서 가까운 곳으로 배정된다. 그리고 법

학·의학·사범 등 특정 직업에 종사할 수 있는 자격증과 관련
된 학과는 전문대학원에서 가르친다. 학교력을 분산하는 방
식을 점차 확대함으로써 대학서열을 해체할 수 있다는 것이
바로 이 안의 주장이다. 국공립대학네트워크안에서 서울대학
교는 학부생을 받을 수도 있지만, 현재와 같은 학교력의 정점
에 있는 것이 아니고 다른 국립대학들과 동급일 뿐이다. 사립
대학까지 네트워크에 포섭하려는 것은 공적 관리하에 있는
고등교육의 범위를 넓히는 것은 물론, 국립대학 특히 서울대
학교의 학교력이 없어진 것을 틈타 유명 사립대학의 학교력이
이를 대체하는 것을 막기 위한 조치다.

셋째는 대학평준화라고 볼 수 있는 '국립교양대학 설치안'
이다. 현재의 4년제 대학을 2년제 교양과정과 3년제 전공과정
으로 분리하는 것이 골자다.* 교양과정을 이수하기에 적절한
기본 학력學力을 갖춘 사람은 모두가 국립교양대학에 입학할
수 있으며, 교양과정에서의 성적으로 전공과정에 진입할 수
있도록 하자는 것이다. 초중등교육에서처럼 교육과정의 기준
을 국가가 제시하는 것을 넘어 아예 국가가 교양과정을 운영

---

* 교양과정과 전공과정이 분리되어 있다는 점에서는 제2차 세계대전 패망 전 일본
제국의 구제고등학교舊制高等學校 및 구제대학舊制大學 체제와 닮았다. 구제고등학교
는 오늘날 대학교양과정에 해당하였으며, 구제대학은 3년의 전공과정을 운영했다.

한다. 그 질적 수준을 제고하고 성적의 정당성을 보장하기 위함이다. 고등교육과정에서의 학제가 1년 늘어나는 문제는 중등교육과정에서의 학제를 1년 단축해서 해결한다. 즉 6-3-3-4 학제에서 6-5-2-3 학제가 된다.**

그래서 어떻게 폐지돼야 한다고?

단순히 서울대학교 학부를 폐지하는 것만으로 학교력이 폐지된다고 생각하는 것은 오산이다. 주요 명문사립대들이 서울대학교의 지위를 대체할 가능성이 높기 때문이다. 더군다나 사립대학은 국립대학과 달리 헌법과 법률이 보장하는 '사학의 자유'로 말미암아 국가적인 개입이 어렵게 되어, 학벌과 학교력의 폐단을 오히려 강화할 수도 있다.

국공립대학네트워크안이나 국립교양대학안은 나름의 목표와 그에 맞는 체계를 갖춘 체계로서 검토할 가치가 있다. 양안 모두 의도한 대로 실현된다면 한국의 고등교육에서 중대한 분기점이 될 것이다. 국공립대학네트워크안은 각 대학에서

** 국공립대학네트워크(안)과 국립교양대학(안)의 구체적인 내용 및 비교는 다음을 참조하라. 「진보 집권 시대, 대학체제를 어떻게 바꿀 것인가」, 2011년 제2차 진보노동당 정책당대회 자료집, 2011. 6. 18.

만 사용되고 있던 인적·물적 자원의 전국적 공유를 가능케 할 것이다. 또한 학교력이 전국적으로 분산되어 궁극적으로는 이를 완화할 수 있다.* 국립교양대학안의 경우 학생들이 교양과정에서 공부를 폭넓게 하면서 전공을 고를 기회가 부여된다는 점에서 일부 대학에서 실시하고 있는 자유전공제도**의 확장판이다.

그러나 국공립대학네트워크안이나 국립교양대학안은 몇 가지 치명적인 한계점을 안고 있다. 첫째, 양 안은 학교력이 형성되는 시점을 늦출 뿐이다. 국립교양대학안은 2년제 교양과정의 성적을 바탕으로 3년제 전공과정으로의 진입을 선택하도록 한다. 하지만 전공과정이 대학서열이 확립되어 있는 기존 대학들에서 이루어지는 이상, 교양과정의 학생들은 대학서열에서의 지위가 높은 대학으로 진학할 가능성이 크다. 고등학교에서의 대학 학교력 취득 경쟁은 2년이 미루어질 뿐 여전할 것이다. 학부를 대체하는 전문대학원의 설치도 비슷

---

* 국공립대학네트워크는 인위적으로 일본과 같은 대학서열구조를 만드는 것이라고 볼 수 있다. 일본은 '편차치'를 기준으로 대학의 서열이 엄격하게 확립되며, 그 가운데에 도쿄대가 수위 대학으로 자리매김하고 있다. 그럼에도 도쿄 외에도 지방에 6개의 구제국립대학 출신 거점국립대학(교토, 도호쿠, 홋카이도, 규슈, 오사카, 나고야)이 운영되고 있어 대학서열의 경직성을 어느 정도 완화한다. 이들 대학은 서울대학교가 지금껏 배출하지 못한 노벨상을 이미 여럿 배출할 정도로 교육과 연구 수준이 높아 해당 지방에서는 도쿄대학에 반드시 가야 할 필요를 못 느낀다.

** 보통 1학년 때 자유롭게 수업을 듣고, 2학년 때 전공을 선택한다.

한 결과를 낳을 것이다. 사법시험의 폐지에 따라서 2009년 이후 법과대학이 폐지되고 법학전문대학원이 설치된 대학들에서, 법학전문대학원이 과거 법과대학의 인적·물적 자원과 명성을 그대로 계승한 것을 보면 학교력 경쟁은 여전할 것이다.

둘째, 양 안은 대학입시의 격화에는 문제를 제기하면서 대학에서의 성적경쟁 격화에 대해서는 긍정한다. 국립교양대학안은 성적 평가를 전국 단위의 상대평가로 하며, 그곳에서 우수한 성적을 받은 학생은 일종의 '보상'으로 전공과정의 대학을 어디로 갈지 선택권을 얻는다. 이는 고등학교를 졸업하면서 대학수학능력시험을 치른 후 전국적인 상대평가로 점수를 받아 대학에 입학하는 것과 다를 바가 없다.

입시지옥을 해결하는 것이 목표라면 국공립대학네트워크 안이나 국립교양대학안이나 실패할 수밖에 없다. 만약 고등학교에서의 입시경쟁은 나쁜 것이고 대학에서의 성적경쟁은 좋은 것이라고 생각한다면, 그것은 입시경쟁의 폐단은 알고 성적경쟁의 폐단은 모르는 무지의 결과다.

셋째, 대학교육의 방향성에 관한 논의는 거의 이루어지지 않았다. 입시성적에 따른 학교력이 중요하게 부각되는 것은 내힉교요이 대학졸업자의 수요, 특히 기업의 수요에 적합하지 않기 때문이다. 그렇다면 교육과정을 기업의 수요에 맞추면 해결될까? 안타깝게도 이것은 국가와 자본 등 외부의 권력의 간섭을 받지 않는다는 의미의 대학의 '학문의 자유Academic Freedom' 또는 '대학자치University Autonomy' 정신과 상충한다.

결국 입시성적에 따른 학교력을 폐지하기 위해서는 이른바 '대학의 기업화'와 일정 수준 타협을 하든지, 아니면 대학의 고유한 사회적 의미를 재확립하고 그에 맞추어 교육과정과 교육방법을 일신하는 작업이 필요하다. 안타깝게도 한국은 고등교육 연구의 기반이 갖추어지지 않아 논의가 매우 미진하다.

앞서 언급한 세 가지 문제에 비하면, 이른바 명문대학의 폐지에 따른 해당 학교 출신자들의 반발을 무마하는 것이나, 지방 대학에 강제적으로 배치되는 학생들의 불만을 잠재우기 위해 자원을 쏟는 것은 사소한 문제에 속한다.

연착륙의 길

대학교육은 초등교육이나 중등교육과는 달리 수월성교육*에 초점이 맞추어져 있다. 따라서 비슷한 역량과 적성을 갖춘 이

---

* 교육 대상자의 잠재능력과 적성을 최대한 발휘할 수 있도록 목표하는 교육.

들을 모아서 가르친다면 학교력 나아가 대학서열이 형성되는 것은 일정 수준 불가피하다고 생각한다. 그랑제꼴**이 있는 프랑스는 물론, 국공립대학네트워크론자들의 본보기라고 할 수 있는 미국 캘리포니아주의 대학에도 넓은 의미에서 대학서열이 존재한다. 다시 말해 캘리포니아는 학생의 성적에 따라서 캘리포니아대학University of California System, UC 캘리포니아주립대학California State University, CSU 그리고 다양한 2년제 대학Community College에 배치한다. UC는 연구대학으로서 박사학위까지 수여하며, CSU는 교육중심대학으로서 석사학위까지 수여하고, 2년제 대학은 대학 진학을 희망하는 이들을 위한 예비교육 또는 보수교육 등을 맡는다.

결국 완전한 의미에서 학교력을 폐지하는 것은 대학교육의 특성을 감안한다면 쉽지 않은 일이다. 다만 오늘날 한국의 대학서열은 지나치게 경직되어 한 번 정해지면 이동하는 것이 어렵다는 점에서 그 폐단이 심각해지는 것이라고 볼 수 있다.

현재의 시점에서 가장 도입할 개연성이 높으면서도 대학서열의 해체에서 연착륙을 할 수 있는 전략은 다음과 같다. 단

** 대학 위의 대학이라 불리는 그랑제꼴Grandes écoles에 들어가기 위한 프랑스 학생과 학부모들의 경쟁은 서울대학교에 들어가려는 한국 학생과 학부모의 경쟁 그 이상이다. 김선엽, 「위장전입·청탁…프랑스도 못말린 그랑제꼴 입시열」, 조선일보, 2017. 2. 23.

기적으로는, '국가학사제도'를 도입하는 것이다. 대학이 개별적으로 수여하는 학위와 별개로, 별도의 졸업시험 내지 졸업논문인증을 받은 사람에게는 국가가 별도의 증명을 하는 것이다.[*]

국가학사를 받은 사람은 출신 대학이 어디건 간에 대학졸업자로서의 우수한 역량을 갖추었음이 확인되므로, 적어도 학교력에 따라서 차별을 받는 일은 줄어들 것으로 기대된다. 입시에서 '실패'했더라도 구제할 방법을 마련해주는 것이며, 입시에서 '성공'했더라도 그것에 도취되지 않도록 경각심을 주는 것이다. 더군다나 기존의 대학서열을 처음부터 뿌리 뽑는 것은 아니므로 사회적 반발도 최소화할 수 있다.

물론 국가학사의 자격을 엄격히 제한한다면 이를 얻기 위한 경쟁이 심화될 것이다. 다만 국가학사제도가 상대평가가 아니라 매우 엄격한 형태의 절대평가 제도로 운영되며, 국가학사를 받기 위한 전형이 대학졸업자가 갖추어야 할 역량을 제대로 보여줄 수 있도록 설계된다면, 경쟁의 심화는 용인할 정도일 것이다.

[*] 국공립대학네트워크의 공동학위제와 다른 점은, 네트워크에 속한 대학을 나왔다고 해서 동등하게 학위를 주는 것이 아니라 별도의 전형을 거쳐야 된다는 것이다. 전두환 정권 하의 졸업정원제와 다른 것은, 국가학사를 받지 못하더라도 일단 졸업을 할 수 있도록 허용해준다는 것이다.

장기적으로는 앞서 언급한 바와 같이 대학교육의 목표를 재정립하고, 교육과정 및 방법을 일신하여 입학 당시의 성적보다 입학 이후 학교를 얼마나 성실히 다니고 우수하게 이수하였는가가 중요한 판단 잣대가 될 수 있도록 해야 할 것이다. 이를 위해서는 전반적인 고등교육예산 확대가 필요하다. 물론 다른 나라에 비하여 대학진학률이 매우 높은 상황에서 예산을 무작정 확대하는 것은 부담이 될 수 있으므로, 효율성 있게 사용할 방법을 마련하는 것이 중요하다.

학벌과 학교력의 격차를 완화할
궁극의 길은 무엇일까

학벌(인적 네트워크로서의 '학벌'과 사회적 상징으로서의 '학교력'을 포괄한다)에 관한 종전의 연구 또는 시사적 글쓰기는 학벌의 폐단을 폭로하고 그것을 해체하기 위한 방법을 제시하는 데 주력한다.

나는 학벌과 학교력의 폐단에 관한 기존 문헌의 주장에 동의한다. 학교력은 부분적으로 개인의 능력을 상징하는 변수이지만, 그것이 절대적인 기준으로 받아들여지면서 개인의 능력에 따른 사회적 자원의 분배라는 근대적인 '능력주의' 원칙에 금을 냈다. 뿐만 아니라 (이 글에서는 간단히 다루었지만) 학교력이 학벌과 결합하면서 사회적 자원의 분배는 '능력주의' 원칙과는 현저히 멀어진다. 학교력과 학벌이 개인의 입신양명을 위한 중요한 수단으로 받아들여지면서, 모두는 제한된 학교력을 갖고자 경쟁을 하게 되어 사회적인 낭비가 발생한다는 것도 옳은 말이다.

안타깝게도 종전의 문헌들은 학교력이 정확히 어떻게 구성되어 있으며, 어떻게 정당화되고, 어떻게 재생산되는지, 또 역사적으로 어떻게 형성되었는가에 대해서는 별다른 관심을 갖지 않았다. 학교력과 학벌의 문제를 해소할 수 있다며 제시된 안들이 치명적인 결점을 안고 있는 까닭은 이러한 분석의 부재 때문이 아닐까 생각한다.

이 글의 분석에 비추어보자면, 학교력과 학벌 격차를 완화 내지 폐지하기 위해서는 대학체제를 개편하는 것이 필요는 하지만, 이 문제는 그것만으로 해결될 수가 없다. 서울대학교를 중심으로 하는 대학서열을 수평화하려면 지방대학이 살아나야 하는데, 이것은 지방의 경제가 살아나야만 가능하다.

더군다나 대학교육이 수월성교육 그리고 맞춤형교육을 지향하고 있으며 그래야 함을 인정한다면, 대학교육이 대중화·보편화되는 과정에서 학교력 또는 서열의 형성은 일정 부분 불가피하다. 그리고 이러한 대학서열에서 최하위에 있는 학교들은 고등학교와 별반 다를 게 없을 수도 있다. 따라서 학교력의 폐단을 없애는 방법에서, 학교력의 완전한 폐지에만 매달리는 이외에 다양한 접근을 시도할 필요가 있다.

학교력의 폐단 중 하나인 불필요한 학교력 경쟁을 해소하는 가장 좋은 방법은, 사람들에게 무조건 대학교육을 받아야만 한다는 강박을 없애주는 것이다. 이를 위해서는 만인이 대학교육까지 이수하지 않더라도 사회의 당당한 구성원으로서

인간답게 살아갈 수 있는 방안을 마련해야 한다.[*]

이러한 접근의 연장선상에서 궁극적으로는 '능력주의'의 신화를 해체하는 작업도 필요하다. 존 롤스John Rawls의 칸트주의적 자유주의[**] 또는 사회주의적인 '능력에 따른 생산, 필요에 따른 소비'와 같은 언명까지 인용할 필요도 없다. 개인이 가진 능력에 따라서 사회적 자원을 차별적으로 배분하는 것이 정당한지, 정당하다면 차별의 수준이 어떠한지 검토할 필요가 있다.

한편, 이 글의 한계점들을 지적하고자 한다. 일차적으로 글에서 제시된 가설 중 완전히 검증되지 않은 게 많으므로, 후속 연구를 통해 보강되거나 반박될 필요가 있다. 둘째, 학교력을 획득하는 과정에서 사회경제적 계급계층구조가 미치는 영향은 거의 다루지 못했다. 모쪼록 독자 여러분과 선배 연구자들의 다양한 비판을 환영한다.

---

[*] 물론 평생교육(직업적 보수교육, 교양교육)이 본격적인 의미의 고등교육을 받지 않은 사람들의 교육수요를 충족시켜야 할 것이다.

[**] 롤스적인 자유주의 하에서는 '능력' 또한 개인에게 우연적으로 부여된 특성으로 본다. 따라서 '무지의 베일' 하에 있는 인간의 입장에서는 능력주의적 자원의 분배에 제동을 걸 수밖에 없다.

참고문헌

강기천, 「한국과학재단의 설립과 대학의 기초연구: 1962-1989」, 서울대학교 석
　　사학위청구논문, 2014.

강준만, 『서울대의 나라』, 개마고원, 1996.

경상대학교 사회과학연구원 엮음, 『대학서열체제 연구: 진단과 대안』, 한울아카
　　데미, 2004.

구인회·김정은, 「대학진학에서 계층격차: 가족소득의 역할」, 『사회복지정책』 제
　　42권 제3호, 2015.

김경근, 『대학 서열 깨기』, 개마고원, 1999.

김명진, 「1950년대 고등교육 협력에 관한 연구: 서울대-미네소타대 프로젝트
　　사례」, 서울대학교 박사학위청구논문, 2009.

김부태, 「한국 학력·학벌 연구의 사적 고찰: 1980~2007」 『교육사회학연구』 제
　　24권 제1호, 2014.

김세직·류근관·손석준, 「학생 잠재력인가? 부모 경제력인가?」 『경제논집』 제
　　54권 제2호, 2015.

박희제, 「한국 대학에서의 과학연구의 성격과 변화」 『사회이론』 제30호, 2006.

전은희, 「학벌 정체성에 대한 내러티브적 이해: 서울대생의 사례를 중심으로」
　　『교육인류학 연구』 제20권 제3호, 2017.

오천석, 『외로운 성주』, 광명출판사, 1975.

오천석, 『한국신교육사 下』, 광명출판사, 1974.

민주화를위한전국교수협의회 엮음, 『입시·사교육 없는 대학 체제』, 한울아카데
　　미, 2015.

한국교육십년사간행회 엮음, 『한국교육십년사』, 풍문사, 1960.

苅谷剛彦, 『大衆教育社會のゆくえ-學歷主義と平等神話の戰後史』, 東京: 中央
　　公論新社, 1995.

Roger L Geiger, *To Advance Knowledge*, Oxford University Press, 1986.

학생회의
위기를 넘어
_고준우

○○대학교 총학생회 이야기

○○대학교 총학생회는 요새 고민이 이만저만이 아니다. 2학기 등록이 끝났지만 학생회비가 충분히 납부되지 않은 까닭이다. 아마 저조한 학생회비 납부율에는 1학기에 대한 학생들의 무관심과 불만이 반영된 것 같다. 1학기 초, ○○대 총학생회는 축제를 개편하겠다는 입장을 밝혔다. 총학생회는 대학 축제에 걸맞게 학생들이 주축이 되어 진행하는 축제를 구상했다. 축제에서 동아리들이 공연하는 무대 프로그램, 학생들이 직접 기획한 참여 프로그램들을 최대한 많이 늘리고 기업 후원은 줄이려고 노력했다. 하지만 학생들의 참여가 부족해 축제 부스를 채우는 것이 여간 힘든 것이 아니었다. 기업 후원 부스를 제외하자니 축제 공간이 터무니없이 남았다. 뒤늦게 울며 겨자 먹기로 기업 후원을 받았지만 축제 당일은 여느 때보다도 텅텅 비어 있는 축제가 될 수밖에 없었다. 학우들의 입장에서는 왜 연예인 무대가 적었는지, 왜 작년처럼 푸드트럭이나 공짜 사은품을 제공하는 기업 부스들이 많이 들어오지 않았는지 납득이 되지 않는 모양이었다. 재미없는 축제였다는 평가가 지배적이었다.

1학기에 문제가 된 것은 축제만이 아니었다. 총학생회 깃발을 들고 퀴어문화축제에 참가한 것도 문제가 됐다. ○○대학교 학생들을 대표한다는 총학생회가 정치적으로 논란이 될 만한 사안에 왜 결합했느냐는 불만이 제기됐다. 대학 온라인 커뮤니티 익명 게시판은 총학생회를 비꼬는 글들로 도배되었다. "축제 망쳐놓을 때부터 알아봤다. 정치병 걸린 총학생회 극혐." 총학생회 집행부원들은 이 일로 많은 상처를 받았고 정치적인 사안에 대해서 목소리를 내지 말자는 의견이 많아졌다. 이 사건이 있은 후로는 총학생회뿐만 아니라 과/반 학생회나 단과대 학생회에서도 몸을 사리는 분위기가 됐다. 학생들의 반발이 무서워서 조금이라도 논란이 될 만한 사업 자체를 피하는 분위기가 많이 퍼졌다. 학생들이 총학생회의 집행력을 가시적으로 확인할 수 있는 몇 안 되는 사업인 축제도 평가가 좋지 않았고 퀴어문화축제에 관련해 논란까지 발생했으니 학생회비 납부율이 낮아진 것이리라.

2학기에는 ○○대학교 뿐만 아니라 전체 사회가 들썩인 각종 사회 이슈들이 터져 나왔다. 경찰이 대규모 대중집회를 무리하게 진압하다가 시위대의 구성원 중 한 사람이 사망하는 일이 발생한 것이다. 총학생회 내부에서는 국가폭력의 희생자를 추모하고, 경찰의 과잉진압을 규탄하는 대자보를 걸자는 의견이 나왔다. 그리하여 ○○대학교 게시판 곳곳에는 총학생회 명의로 된 대자보가 걸렸다. 그러나 대자보 역시 논란을 피해가지는 못했다. 대학 총학생회면 대학 안의 문제에만 신경 쓰면 되지 왜 사회문제에도 자꾸 이야기를 하려고 하느냐는 일각의 비난이 거세졌다. ○○대 총학생회에게는 소위 '운동권' 학생회라는 딱지가 붙었고 온라인 커뮤니티 익명게시판에서는 불통 운동권 총학생회에 대한 탄핵안 발의를 해야 한다는 이야기가 나왔다. 몇몇 게시물에서는 이미 온라인으로 탄핵안 찬성 서명을 받을 수 있는 창구까지 열어두고 홍보가 진행되고 있었다. 결국 ○○대 총학생회는 부랴부랴 자신들이 대자보를 써서 올린 이유를 해명하는 글을 페이스북 페이지에 게시했다. 지성인으로서, 한 사람의 사회구성원으로서 우리 사회의 문제를 좌시할 수는 없다는 내용의 글이었지만 학생들의 반응은 냉담했다.

이래서는 당장 이번 선거가 걱정스럽다. 안 그래도 오랜 기간 총학생회장이 당선되지 않아 비상대책위원회 체제로 운영되어온 ○○대 총학생회였다. 그러다가 간신히 총학생회장에 뜻이 있는 학생이 선거에 나서면서 우여곡절 끝에 만들어진 것이다. 단독 후보로 치러진 선거는 겨우겨우 개표 가능한 투표율을 넘겼기 때문이다. 학생들의 총학생회에 대한 불신과 무관심이 심한 상황에서 이런저런 논란이 불거진 올해에는 투표율이 더 떨어질지도 모르는 상황이다. 그렇게 되면 다시 또 ○○대 총학생회는 비상대책위원회가 될 수밖에 없을 것이다. 비상대책위원회 체제로는 당장 내년 초에 있을 등록금심의위원회부터 준비하는 것부터 막막하다. 각자 자기 단위 돌보기에도 바쁜 단과대 학생회장들이 등록금심의위원회 준비를 앞장서서 책임지기는 쉽지 않기 때문이다. 이대로라면 등록금심의위원회에서 변변찮은 반론도 못 내놓고 사회적인 반향조차 끌어내지 못한 채 등록금은 동결되고 말 것이다. 비상대책위원회 상태로 오랫동안 방치되다가 사라졌다는 과/반 학생회들을 생각하며 총학생회장은 깊은 고민에 빠져들었다.

학생회의 위기: 대표성과 효용성의 상실

사실 ○○대학교 총학생회는 내가 만들어낸 가상의 단체다. 하지만 독자들 중에는 위의 내용을 보고 "어? 이거 우리 학교 이야기인데"라고 생각한 분들이 있을지도 모른다. 그도 그럴 것이 ○○대학교 총학생회 자체는 가상으로 구성된 것이지만 ○○대학교 총학생회가 겪은 경험담들은 실제로 있었던 사건들을 살짝 변형하고 결합하여 만들어냈기 때문이다. 갈수록 떨어지는 학생회비 납부율과 학생회 선거 투표율, 학생회 사업에 대한 참여도 하락, 대학문화 내 소비주의의 팽창, 정치적인 사안에 대한 터부시 등은 어느 특정 대학 학생회에게만 국한된 문제가 아니라 한국 대학 전반에 지배적인 현상으로 나타나고 있다.

이 현상들은 무엇을 가리키고 있는가? 바로 학생회의 위기다. 이때 위기라 함은 국지적인 위기가 아니라 총체적인 위기다. 단순히 학생회의 어떤 부분만 교체하면 해소될 수 있는 위기가 아니라 학생회를 구성하는 요소들 대부분이 더 이상 작동하고 있지 못하다는 뜻이다.

학생회의 위기를 더욱 더 자세하게 살펴보기 위해서 이렇게 질문을 던져보자. 학생회를 구성하는 요소란 무엇인가?

이 질문은 다시 말해 학생회란 무엇인지를 묻는 것과도 같다. 표준국어대사전에 따르면 학생회는 "학생이 주체가 되어 어떤 일을 의논하여 결정하고 실행하는 조직이나 모임"을 말한다. 이 기본적인 정의로부터 우리는 학생회를 구성하는 세 가지 핵심 요소를 발견할 수 있다. 첫째는 가장 기본적인 전제로서 학생 주체다. 학생들이 스스로를 정치적 주체로서 받아들이고 정치행위를 할 의지가 있을 때 비로소 학생회가 작동할 수 있다는 뜻이다. 이때 '정치적 주체'란 말을 듣고 흠칫하는 독자가 있을지도 모르겠다. 이때 정치란 우리에게 친숙한 의미에서의 정치, 즉 기득권 정치세력들이 국회와 고위 공무원직을 두고 벌이는 권력다툼에 국한된 것이 아니라 공동체의 구성원들에게 공통된 문제를 해결하기 위한 논의와 그에 따른 실천을 모두 아우르는 넓은 의미에서의 정치를 말한다.

둘째는 의논하고 결정하는 측면이다. 서로 다른 학생들 사이의 의견을 어떻게 수렴하고 대표할 것인가 하는 문제다. 만약 학생들이 공론을 구성하지 못하고 각자 자신의 입장에 따라 뿔뿔이 흩어진다면 우리는 공통된 무언가(제도, 법, 집합적 실천 등)를 형성할 수도 없을 것이고 자연스럽게 학생회도 필요치 않을 것이다. 따라서 서로 다른 의견 가운데 합의할 수 있는 지점을 찾아서 결정을 내리고 그 결정이 우리 모두의 것임을 공표하는 성격이 학생회에 필수적인데, 이를 대표성이라고 할 수 있다.

셋째는 결정한 바를 실행하는 측면이다. 만약 의견을 수렴하여 결정을 내렸다면 그 결정을 충실하게 구현해내야 할 필요도 있다. 단순히 결정만 되고 아무것도 이뤄지지 않는다면 학생회의 쓸모(유용성)에 대해서 학생들은 회의적이 될 수밖에 없다. 더 심각한 경우에는 학생회뿐만 아니라 정치 전반에 대한 효능감이 떨어질 수도 있다. '정치적인 것은 괜히 문제만 낳고 이로운 것은 없는 피곤한 일'이라는 생각을 심어줄 수 있다는 것이다. 따라서 학생회는 자신의 필요성을 입증하는 것만이 아니라 자신들의 존재 근거인 정치적 행위의 의사를 지닌 학생주체들을 유지하기 위해서라도 결정된 바를 실현하는 최대한 효과적인 수단을 찾아야 한다. 이를 학생들의 입장에서 평가할 때 효용성이라고 명명할 수 있다.

이렇게 학생회의 핵심 요소를 세 가지로 분석해볼 때, 현재의 위기는 대표성과 효용성의 약화가 악순환의 고리를 이루면서 학생들의 탈주체화(탈정치화)를 부추기고 있는 상황이라고 알 수 있다. 먼저 대표성의 위기는 투표율 하락, 정치적 사안에 대한 논란, 단독 선거운동본부로 치러지는 선거 등에서 잘 드러난다. 학생회가 학생들의 공론을 잘 대변하고 있다고 느끼지 못할 때 학생들은 선거에 무관심해질 수밖에 없다. 나아가 학생회가 정치적 사안에 대해 의견을 밝히는 것 역시 학생회가 학생들 사이에 존재하는 정치적 이견들을 적절히 종합하고 수렴시키는 데 실패하고 있음을 보여주는 징후다. 정치적 대표성이 약화되면서 몇몇 학생회들은 임시방편으로 지성인 담론을 동원한다. 사회적으로 엘리트인 대학생들은 지성인으로서의 책임의식을 갖고 정치적 사안에 참여해야 한다는 것이다. 그러나 이미 대학교육을 이수하는 사람이 사회적 다수가 된 상황에서 이런 지성인 담론은 효과를 보기 힘들다. 설령 이와 같은 지성인 담론이 예외적으로 효과를 발휘하더라도 그것은 학벌체계의 상위에 위치한 대학들에서 '명문대생'이라는 호명에 의존해 효과를 내는 경우가 대부분이다. 이렇게 총학생회의 정치행위가 '명문대'로서의 이름값을 지키기 위한 실천에 갇히는 경우, 사안이 해당 대학을 초과해 보다 공적인 문제로 상승하는 순간 지성인 담론은 힘을 잃어버리고 다시 탈정치화의 요구에 주도권을 내주고 만다. 이처럼 이미 효과를 잃은 지성인 담론이 공허하게 되풀이된다는 것은 그 자체로 돌파구를 찾지 못하는 학생회 대표성의 위기를 보여주는 한 단면이다.

다른 한편으로 효용성의 위기는 사업에 대한 참여도 하락, 소비주의 문화, 학생회비 납부율 하락 등에서 잘 드러난다. 학생들의 참여가 이뤄지지 않으니 학생회가 무슨 사업을 하든 성공하기가 힘들다. 강연 사업을 해도 들으러 오는 학생들이 없다거나 시험기간 간식 사업을 해도 받으러 오는 학생들이 없다는 것이다. 학생회 사업의 효용성이 점차 떨어질수록 학생들은 기업이 제공하는 더 세련된 상품과 서비스를 선호하게 된다. 학생회가 열심히 공들여서 학생들의 참여로 직접 무대를 구성하는 것보다 대형 행사기획사를 끼고 연예인들이 공연하는 무대를 소비하는 것이 더 즐겁다. 생활협동조합에게 학교의 공간을 내주느니 차라리 그 공간을 유명 프랜차이즈에게 내주는 게 더 낫다. 이런 식의 효용 위주의 사고를 더 밀어붙이면 학생회비도 납부할 이유가 없어진다. 학생회비를 내고 별로 즐겁지 않은 축제를 가거나 본인이 원하지도 않는 간식을 받느니 그 돈을 모아서 연예인 콘서트를 한 번 더 가거나 자신이 원하는 간식을 하나 더 사 먹는 게 낫기 때문이다.

문제는 두 영역의 위기가 서로 연결되어 있다는 것이다. 대표성의 위기가 나타나며 학생들의 학생회 사업에 대한 참여도는 떨어질 수밖에 없다. 학생회가 자신의 의견을 반영해주지 않는다고 생각하기 때문에, 자신도 학생회 사업들에 관심을 가질 필요가 없다고 생각하는 것이다. 이러한 태도는 곧 학생회 사업의 위축을 의미하는데, 사업이 위축되면 학생회에 대해 학생들이 느끼는 효용성은 저절로 떨어질 수밖에 없다. 효용성이 떨어지면 학생회에 대한 불만은 더욱 커진다. "학생회비는 꼬박꼬박 걷어가면서 도대체 학생회가 우리에게 해준 것이 뭐가 있느냐"는 불만이 제기되는 것이다. 이런 불만이 커질수록 학생회가 자신들을 정당하게 대표하는 집단이라기보다는 일반 학생들을 수취하고 군림하려 드는 '그들만의 리그'에 가깝다는 생각이 퍼져나가게 된다. 결국 대표성도 약화될 수밖에 없다. 대표성과 효용성, 학생회를 구축하는 두 가지 요소가 서로가 서로에게 악영향을 미치며 악순환의 고리를 형성하고 있는 셈이다.

대표성과 효용성이 선순환을 이루고 있을 때에는 학생들도 정치적으로 주체화되기 쉽다. 학생회 사업이 잘될수록 학생들이 자신도 저 사업에 참여해보고 싶다고 생각하기 때문이다. 예컨대 학생회 축제가 한 번 대박을 터트리고 나면 이듬해 축제에 참여하는 인원만 늘어나는 것이 아니라 축제기획단 지원자들도 함께 늘어나는 것과 같은 이치다. 그러나 반대로 대표성과 효용성이 악순환을 이루고 있을 때에는 학생들도 탈

정치적이 된다. 의견이 수용도 되지 않고 자기들 멋대로 사업 하는 주제에 그나마도 실패한다고 생각하니 누가 학생회를 통한 정치적 행위에 가담하려고 할까.

위기의 원인 : 학생운동의 퇴조

이제 질문은 '왜'로 옮겨간다. 그렇다면 왜 학생회에 위기가 온 것일까? 지금껏 다양한 학생회 활동가들이 나름의 답을 내놓았다. 그중에서 가장 자주 논의되는 답은 신자유주의적 사회구조 변동과 경제 저성장에 따른 학생들의 파편화다. 가정의 소득 수준은 점차 양극화되고 고용은 충분히 창출되지 않는다. 한마디로 대학생들 전반의 살림살이가 어려워졌다는 뜻이다. 대학생의 입장에서는 집에 손을 벌리기 곤란하니 아르바이트나 과외라도 해서 등록금과 생활비를 충당해야 한다. 양질의 일자리가 사라지고 비정규직과 불안정 일자리만 늘어나니 적은 수의 정규직 일자리나 공공부문 일자리를 두고 취업경쟁이 심화된다. 대학에서의 생활도 취업에 얼마나 도움이 되는지, 소위 '스펙'을 쌓는 데 도움이 되는지 아닌지의 기준으로 평가된다. 예컨대 동아리 활동을 고를 때조차도 인문학·과학 학회나 예체능 동아리에 들어가느니 가치투자학회, 창업 동아리 등에 들어가는 식이다. 자연스럽게 취업에 별다른 도움을 주지 못하는 학생회나 정치적 행위에 신경 쓸 겨를도 없어진다. 학생들의 관심과 참여가 없으니 학생회는 자연스럽게 위축될 수밖에 없는 것이다.

그러나 이러한 분석은 분명 타당하지만 현상의 핵심적인 측면을 전부 보여주지는 못한다. 이를테면 학생회 활동 자체가 구직 일반에 큰 도움을 주었던 적은 단 한 번도 없었다는 점을 지적해볼 수 있다. 어느 때든 학생회를 한다는 것은 시간과 노력을 지출하는 (때로는 국가폭력에의 노출까지 감수하는) 다소간의 자기희생의 결단을 필요로 했다. 아무리 고성장 시기에는 취업이 지금보다 수월했다고 하더라도, 즉 취업경쟁으로부터 더 자유로웠다고 하더라도 학생회 활동을 해야 할 유인이 저절로 생겼던 것은 아니라는 말이다. 게다가 취업경쟁이 심화된 오늘날에도 취업과 무관한 대학에서의 활동 자체에 관심을 갖고 활발히 참여하려는 1·2학년들은 아직 많이 남아 있다. 그럼에도 불구하고 그들조차 학생회에 큰 관심을 갖지 않는다는 것은 추가적인 설명을 필요로 한다.

다음으로 외적인 요인에 입각한 설명만으로는 환경 변화에 맞춰서 학생회가 적응·변화할 역량조차 발휘하지 못한 채 위축된 이유를 설명하기 곤란하다. 만약 학생들의 파편화가 문제라면 파편화된 학생들을 재규합할 수 있는 방법이나 소수의 학생으로도 학생회를 내실화하는 방법은 없었단 말인가? 학생회의 혁신 방법을 찾아내지 못한 이유를 단순히 학생 대표자 개개인의 게으름이나 무능력 탓으로만 돌릴 수 없다면 우리는 학생회의 역량이 쇠퇴한 데에 대한 설명을 더 제시해야 한다.

나는 학생회 위기의 핵심적 원인을 학생운동의 퇴조에서 찾고자 한다. 학생운동은 학생회를 탄생시키고 성장시켜왔던 조건이자 배경이었다. 한국 사회에서 대학 학생회가 처음 등장했던 것은 1960년으로 거슬러 올라간다. 그 이전까지는 '학도호국단'이라는 명칭의 어용단체가 대학 내 학생자치기구 지위를 점하고 있었다. 학도호국단은 사상통일과 애국심 고취를 명분으로 삼은 조직으로, 학생들을 포섭하여 사상을 통제하고 반공주의를 주입하며 단체 군사훈련을 진행했다. 학도호국단은 이승만 독재정권에 대한 저항을 막기 위한 사회적 통제정책의 일환이었는데 4·19혁명이 발발하면서 그 존재 의의가 사라지게 된 것이다. 그리하여 1960년 5월 13일에는 각 대학별 학생운동의 대표들이 모여 선거로 구성되는 새로운 학생자치기구의 도입을 선포했으며 그 명칭을 '학생회'로 정하면서 한국에서 학생회가 처음으로 탄생하게 된다.[*] 학생회는 이처럼 사회와 대학의 민주화를 요구하는 학생운동의 흐름에서 탄생한 조직이었으며 따라서 학생회의 성장 방향도

---

[*]　김정인, 『대학과 권력』, 휴머니스트, 2018, 122~123쪽.

운동의 영향 아래에서 구체화될 수밖에 없었다. 예컨대 기층 학생(과/반 학생회 및 운영위원회—단과대학 학생회 및 운영위원회—총학생회 및 중앙운영위원회)학생총회 등으로 구성된 상향식 의사결정 모델이나 입법·사법·집행을 따로 나누지 않고 학생회 기구에서 논의를 통해 함께 처리하는 방식 등은 학생운동과 연관된 학생회의 조직 형태를 보여주는 사례들이다.**

운동을 위한 조직으로서 형성된 학생회가 운동을 떠나 홀로 서야 한다면 어떻게 될까? 나름의 방식으로 구조적 개편을 추구하지 않는다면 당연히 위기가 발생할 수밖에 없을 것이다. 현재 우리가 경험하고 있는 학생회의 위기는 바로 그런 위기이다. 87년 형식적 민주화의 달성, 90년대 학생운동에 대한 탄압*** 등으로 학생운동의 사회적 영향력은 급격히 약화되었고 2000년대 말 보수정권을 지나면서부터는 학내에서도 학생운동 세력이 위축되면서 학생운동과 학생회의 고리는 거의 끊어지게 되었다. 문제는 학생운동과 학생회의 끊어진 고리가 세 가지 곤란을 초래했다는 것이다.

** 실제로 각종 학생운동 정파들은 운동 방향과 방법에 대한 서로 간의 논쟁을 거치면서 학생회에 대한 여러 가지 위상과 역할을 구체화했다.

*** 강기훈 유서대필 조작 사건, 96년 연세대학교 제7차 8·15 범민족대회 무력진압 사건 등이 대표적인 사례다. 국가권력은 학생운동이 시대착오적 폭력투쟁을 계속하고 있다는 이미지를 덧씌움으로써 학생운동이 대중적 지지를 잃고 고립되도록 만들었다.

첫째로 학생회에 부여된 목표, 즉 사명의 구체적 내용이 부재하게 되었다. 학생운동은 대학의 민주화부터 전체 한국 사회의 변혁에 이르기까지 나름의 사명을 학생회 조직에 부여해왔다. 지금도 일부 학생회의 자기소개에 남아 있을 '민족○○'니 '해방○○'니 하는 별칭들은 이와 같은 사명의 표시였다.* 그러나 사명의 구체적인 내용, 즉 '해방'이니 '민족'이니 하는 말들이 의미하는 바가 무엇인지를 해석할 틀로서의 이념이나 이론은 학생운동의 퇴조와 함께 학생회에서 자취를 감출 수밖에 없었다. 사명이 사라진다는 것은 곧 해를 거듭하며 달라지는 학생회 사업을 일관된 맥락하에서 이해하거나 평가할 수 있는 틀이 사라진다는 것이다. 학생회 사업이 더 나은 방향으로 가고 있는지 아니면 후퇴하고 있는지를 따지려면 학생회 사업들이 지향하는 바로서의 사명과 기조를 가지고 있어야 한다. 학생회의 사명이 이어지지 않고 매년 학생회장이 새로 선출될 때마다 임기응변식으로 학생회의 기조를 세워야 하는 경우 학생회 사업의 비판적 계승이나 장기적 발전은 요원해질 수밖에 없다는 것이다.

---

* 이와 비슷한 사례로 학생회 표어를 들 수 있다. 한 사례로 고려대학교 총학생회는 "압제를 불살라라 민족고대 총학생회"라는 현판을 갖고 있다. 그러나 오늘날 '압제'가 무엇인지를 이론적으로, 실천적으로 답할 수 있는 학생회는 많지 않아 보인다.

대표적인 사례가 대학 내 반성폭력 운동이다. 과거 학내 페미니즘 운동이 활발했던 시기에 학생회는 성폭력을 개인의 문제가 아니라 공동체의 문제로 이해하고자 했으며 이에 따라 반성폭력 내부규약, 총여학생회 등의 제도를 만들기도 했다. 하지만 학생운동이 약화되면서 그 유산들은 대부분의 학교에서 사라지고 말았다. 시간이 지나 다시금 페미니즘과 반성폭력에 대한 관심이 고조된 오늘날, 학생회들은 과거 학생운동 유산의 유실로 인해 다시 무無로부터 반성폭력 운동을 일궈내야 하는 상황에 처해 있다. 과거 제도의 한계나 교훈들을 비판적으로 검토하고 계승할 수 있었더라면 더 수월했을 작업들이 모든 것을 처음부터 다시 시작해야 한다는 막막함 속으로 던져지게 된 것이다.

둘째로, 학생들 사이에 존재하는 정치적 갈등을 표현해줄 양식이 부재하게 되었다. (다양한 사람들로 구성된 인간 공동체라면 어디든 그렇듯이) 학생들은 서로 다른 의견을 가지고 있기 마련이다. 이로 인해 다양한 형태의 정치적 차이 혹은 적대가 발생하게 된다. 학생운동이 활발하던 시기에 이러한 차이/적대는 '정파'라는 양식을 통해서 표현될 수 있었다. 각 정파는 징세에 대한 다른 해석을 내놓았고 그 해석을 바탕으로 어떤 실천을 할 것인지 노선을 제출했다. 학생들은 그들 가운데 자신이 옳다고 생각하는 정파의 실천에 지지를 보낼 수 있었고 이는 학생회 선거에도 반영이 되었다. 복수의 선거운동 본부가 나올 때 각 후보들은 자신의 정파에 따른 공약과 실천론을 제시했고 이에 따라 투표를 통해 정치적 차이가 대표될 수 있었다. 하지만 학생운동이 전반적으로 쇠퇴하면서 모든 정파들이 함께 약화되기 시작했다. 점차 정치적 차이/적대는 운동권 내부에서의 정파들의 경쟁으로 표현되지 않고 운동권 대 비운동권 혹은 반운동권으로 표현되기 시작했다. 그러나 시간이 지나면서 운동권 대 비운동권의 적대도 문제를 드러내고 말았다. 쇠퇴한 학생운동조직들이 학생회 집권을 하나둘씩 포기하게 된 것이다. 적극적인 의미에서 자신을 규정한 것이 아니라 운동권에 '반대하는' 소극적인 의미에서 자신의 정체성을 규정해온 비운동권 학생회에게 운동권의 부재는 곧 자기에게 고유한 내용의 부재를 드러내는 위기가 되고 말았다.

독재정권의 몰락과 시민사회의 발전 등 한국 사회의 변화는 대학 내에도 다양한 형태의 정치적 적대들(보수 대 진보, 외국인 학생 대 내국인 학생 등)을 도입했다. 그러나 학생운동의 약화는 이들 적대가 학생회 투표를 통해서 표현represent될 수 있는 여지를 없애버렸다. 이것이 만들어낸 가장 큰 문제가 바로 논란이 될 만한 정치적 사안에 대해 총학생회가 발언할 수 있는 대표성representativeness이 사라진 것이다. 정파가 사라진 총학생회 투표에서는 후보가 특정한 정치적 가치나 실천을 옹호한다는 이유로 당선될 수 없다. 학생회 대표자는 이제 '모든 학생의 대표'가 되어야 하는데 이때 '모든 학생'이란 기껏해야 대학 교육의 소비자로서의 당사자 정체성을 넘어서지 못한다. 따라서 대표자들은 자신이 옳다고 생각하는 가치나 이념에 따른 정치적 실천을 할 수가 없게 되어버렸다. 그런 정치적 실천을 하는 순간 학교 온라인 커뮤니티로부터 쏟아지는 '불통'이라는 비난과 심할 경우 탄핵 압력까지도 감수해야 할 테니 말이다. 사실 이는 거꾸로 뒤집어보면 학생 대중의 입장에서도 무척 답답한 상황이다. 자신들의 의견을 대변해줄 정치조직은 없고 매번 비슷비슷한 공약을 가진 후보에게 표를 줘야 하는 상황이니 학생회가 '불통'이라는 불만만 늘어나게 되는 것 역시 이유가 있는 것이다.

셋째로, 학생회의 구조를 뒤에서 지탱해온 조직이 부재하게 되었다. 학생회의 현 구조는 사실 잘 조직된 정치집단을 가정하지 않으면 해결이 안 되는 문제로 가득하다. 학생회의 분절된 위계구조를 생각해보자. 학생 대중—과/반 학생회—단과대 학생회—총학생회로 이어지는 단계적 구조는 이들 사이를 결합해주는 조직체가 없다면 권력거리*를 지나치게 확대하는 비대화된 구조가 되기 십상이다. 이 문제를 해소해주는 것이 바로 학생운동조직이었다. 학생운동조직은 기층의 학생들부터 총학생회에 이르는 의사결정과 실천의 단위를 연결시켜주는 매개가 되어주었다. 같은 정파에 소속된 학생들이다 보니 각 단계에서 학생회 간 협력이 보다 유기적으로 발생할 수 있었던 것이다. 학생운동이 사라지자 어떤 효과가 발생했는가? 학생회 내 분절구조가 늘 발목을 잡는다. 총학생회 대표단이 어떤 의제를 세워서 단과대학 학생회 학생들과 논의를 해서 결론을 내려도 그 결정사항이 개별 학생들에게 충분히 도달되지 않는다. 단과대학 학생회 대표자, 단과대학 학생회 집행부, 과/반 학생회 대표자, 과/반 학생회 집행부, 학번 대표 그 어디에선가 정보의 연결고리가 끊기는 일이 비일비재하다는 것이다. 이런 상황에서 학생들은 '그들만의 리그'에서 사안을 결정한다는 불만을 가질 수밖에 없다.

1년에 한 번꼴로 치르는 학생회 선거에 대해서도 생각해볼 필요가 있다. 1년은 사실 정책을 세우고 집행하고 발전시키기

---

* 권력거리란 네덜란드의 심리학자 헤이르트 호프스테더Geert Hofstede가 조직문화를 분석하기 위해 도입한 개념으로, 하급자를 상급자로부터 격리시키는 감정적 거리를 의미한다.

에 지극히 짧은 시간적 단위다. 매년 선거를 치른다는 것은 대표자와 집행부가 이제 막 학생회의 정기 사업에 익숙해질 때쯤 학생회를 물갈이한다는 뜻이기 때문이다. 게다가 1년마다 새로운 대표를 선출한다는 것은 선거에 들어가는 각종 비용(선거관리위원 교육, 선거운동 비용 등)을 비교적 짧은 주기로 부담해야 된다는 뜻이기도 하다. 조직 차원의 숙련도를 초기화하고 선거에 필요한 각종 비용들을 지출하는 행위를 1년마다 반복하는 것은 학생회가 아닌 여느 사회조직에서는 찾아보기 힘든 비효율이다. 그렇다면 학생회는 지금껏 이런 비용들을 어떻게 감당할 수 있었을까? 이 역시 학생운동조직이 있었기에 가능한 일이었다. 학생운동조직은 학생들을 학생회 간부로서 교육하고 육성해냈으며 과/반 학생회 대표부터 차근차근 경험을 쌓게 하여 최종적으로 총학생회장 선거에 도전할 때쯤에는 숙련된 간부가 되도록 유도했던 것이다. 나아가 학생운동조직은 대표자 개인의 역량이 부족하더라도 과거 대표자 경력이 있었던 운동조직 내 선배들이 조언과 도움을 줌으로써 어느 정도 극복이 가능하도록 돕는 역할을 했다. 결국 빠른 교체주기에도 불구하고 적절한 숙련도를 갖춘 학생 대표자기 사업을 견인하고 그에 따른 효용성을 담보할 수 있었던 것은 그를 뒷받침해주는 조직의 존재 덕택이었던 것이다.

이런 설명은 과거 학생운동이 학생사회에 긍정적인 영향만을 남겼다며 사실을 왜곡하거나 미화하기 위함이 아니다. 물론 학생운동조직들의 비밀결사 형태는 공개적으로 드러난 견제와 비판을 피함으로써 반민주적인 정치행태(소위 '상왕 정치')를 낳기도 했다. 뿐만 아니라 학생운동 정파들은 학생운동을 전체 사회변혁운동의 분파로서만 간주하고 대학이라는 공간을 그 자체로 진지한 운동의 현장으로 삼지 않았다는 한계도 있었다. 그로 인해 학생운동은 자기들의 정치적 목적을 위해 학생 대중들의 현실을 외면하고 동원하는 집단이라는 비난을 받아야 하기도 했다. 그러나 그런 한계와 별개로 학생운동은 학생회라는 조직이 형성·성장하는 핵심적인 모체 matrix였음은 분명하다. 그리고 지금의 위기는 바로 그 모체의 상실이 가져다주는 위기인 것이다.

의미심장한 사례를 하나 제시하고자 한다. 고려대학교에는 2007년부터 2008년, 그리고 2012년부터 2014년까지 총 5회에 걸쳐 총학생회에 집권한 '고대공감대'라는 선거운동본부가 있었다. 이들은 소위 운동권 학생회에 반대하여 '배후세력 없는 총학생회', '일 잘하는 총학생회'가 될 것을 학생들에게 약속하고 선거를 통해 당선되었다. 그리고 그들은 약속대로 세련되고 잘 조직된 사업들로 학생들의 많은 지지를 받았다. 학생들의 편의를 증진시키는 각종 복지 사업이 확대되었고 중앙일보 대학평가 거부 등의 사회적 메시지를 지닌 사업들도 활발히 전개했다. 나아가 공과대학을 조직화하여 '공대공감대'라는 이름을 단 학생회를 꾸준히 출범시켜 실력 있는 학생회 간부를 육성하기도 했다. 고대공감대는 운동권이 아니어도 총학생회를 잘 경영할 수 있음을 직접 보여준 것이다. 그러나 고대공감대의 최후는 무척 역설적이었다. 총학생회장이 후임 총학생회장 선거에 개입했다는 부정선거 의혹이 불거지면서 고대공감대의 역사는 비리로 종지부를 찍고 말았기 때문이다. 고대공감대는 운동권과 같은 '배후세력'을 배제하는 총학생회를 자임했으나 총학생회의 운영을 위해 적극적으로 조직화되는 과정에서 마지막에는 자신들이 또 하나의 '배후세력'이 되고 만 것이다. 고대공감대에 대한 평가와는 별개로 이 이야기는 학생운동이 모체가 된 학생회의 조건을 적나라하게 보여준다. 정치조직 없이 학생회를 지속적으로 잘 운영하기란 하늘의 별따기만큼이나 불가능한 이야기다. 고대공감대는 '정치조직을 부정하는 정치조직'이라는 역설을 통해 학생회 운영에 조직이 필수불가결함을 방증하고 말았던 것이다.

어떻게 학생회를 위기에서 구할 것인가?
혹은 왜 학생회를 위기에서 구해야 하는가?

사명의 부재, 정치적 양식의 부재, 조직의 부재. 학생운동의 퇴조와 함께 학생회에 찾아온 세 가지 부재야말로 오늘날 학생회의 위기(대표성과 효용성의 악순환)를 만들어내는 핵심 원인이다. 그렇다면 어떻게 학생회의 위기를 극복할까? 여기에는 다양한 방법들이 제시될 수 있을 것이다. 그러나 우리가 학생회의 위기에 대한 앞선 분석을 수용할 수 있다면, 그 대안은 어디까지나 사명, 정치적 양식, 조직을 복원하는 방향이어야 한다. 그렇지 않다면 어떤 대안도 잠시 위기를 우회하는 미봉책을 넘어서기 힘들다.

더 다양한 아이디어가 제출될 수 있겠지만 현재로는 (서로 양립 가능하지만 분석적으로는 구분되는) 두 가지 정도의 대안이 있다. 첫째는 학생운동을 복원하는 것이다. 그러나 이때의 복원이란 과거의 학생운동을 답습하는 것을 의미하지 않는다. 이전의 학생운동처럼 전체 사회를 변혁하는 운동의 단순한 부속물이나 분파가 아니라 자신만의 현장으로서 대학을 변화시키는 새로운 운동을 구성해내야 하는 것이다. 예컨대 우리는 대학의 민주화를 새롭게 상상할 필요가 있다. 이전까지의 대학의 민주화는 대학 외부에 존재하는 강력한 국가 권력으로부터의 대학 운영의 자율성과 학문의 자유를 확보하는 것이었다. 그러나 이러한 대학의 민주화는 결국 사학재단과 시장질서가 군림하는 대학공간을 열어놓는 길로 빠지고 말았다. 대학 내 권력의 주도권이 국가로부터 재단과 기업들에게로 다소간 넘어가는 사이 학생들과 노동자들의 목소리는 위축되고 억눌려왔다. 따라서 우리는 '대학 외부의 권력과 맞서는' 민주화의 단계를 넘어서 '대학의 외부와 내부를 가로지르며 지식과 권력을 보다 평등하게 나누는' 심화된 민주화의 단계로 나아갈 필요가 있다. 예컨대 학교 운영으로부터 소외된 주체들과 연대하면서 학생과 노동자(비정규직 간접고용 노동자들, 시간강사들 등)의 목소리가 학교 운영에 반영되도록 하는 것을 학생회의 새로운 사명으로 삼을 수 있다. 이처럼 사명을 새롭게 수립했다면 그 사명에 동의하는 학생들을 중심으로 운동조직을 만들어야 한다. 그리고 이들 운동조직이 그와는 다른 입장을 가진 조직들과 경합하면서 대중적 지지를 얻어낼 수 있을 때 비로소 정치적 대표성의 문제도 해소될 수 있을 것이다.

이와 같은 주장은 바깥 사회에 대한 관심을 끊고 대학 내 문제에만 천착하자는 말이 아니다. 오히려 대학이 전체 사회와 맺고 있는 관계를 분석하는 가운데 대학으로부터 전체 사회로 나아가는 변화의 흐름이 어떻게 형성될 수 있는지를 진지하게 고민해야 된다는 말이다. 대학은 지식 생산의 공간으로서 다른 여타 생산의 공간들(상품을 생산하는 노동현장, 노동력을 재생산하는 가정 등)과 긴밀하게 연결되어 특정한 효과를 발휘한다. 예컨대 대학이 기업과 손을 잡고 최첨단 인공지능기술을 국가 방위산업과 연결시키려는 경우를 상상해보자. 인공지능을 군사적인 용도와 결합하는 것은 심각한 윤리적 문제를 낳는다. 인공지능이 저지른 살상의 책임을 누가 질 것인지가 모호하다는 점, 인공지능에 의해서 고도화된 살상능력은 그 자체로 인명을 위협하는 일이라는 점 등이 그렇다. 따라서 이런 문제는 대량살상무기의 개발만큼이나 사회적으로 깊이 논의되어야 할 필요가 있다. 그런데 지식 생산을 담당하는 대학(엄밀히는 대학 내에서 작동하고 있는 자본권력, 국가권력, 사학권력)이 그 결정권을 독점하고 있지 않은가? 이를 바람직하다고 할 수 있을까? 만약 바람직하다고 할 수 없다면 대학 내 모순을 현장으로 하는 운동도 필요하다고 할 수 있을 것이다. 노동환경과 착취를 자신의 현장으로 삼는 노동운동, 가정을 비롯한 전체 사회에 만연한 젠더 불평등을 자신의 현장으로 삼는 여성운동처럼 대학과 지식 생산의 문제를 현장으로 삼는 학생운동도 필요하다는 말이다.

둘째는 학생회에 근본적인 구조적 변화를 도입하는 것이다. 모체가 되는 학생운동이 퇴조한 상황에서 더 이상 학생회가 '이전과 같은 형태로' 유지될 수 없다면 이전과는 다른 형태를 취하도록 근본적인 변화를 감행해야 한다. 예컨대 조합주의적 성격을 강화함으로써 학생들이 학생회 활동에 참여할 유인을 확대하는 개혁을 생각해볼 수 있다. 학생회비를 납부한 학생에게만 학생회 사업의 혜택이 돌아가도록 한다거나 회칙을 강화함(회비 납부의 의무화, 학생회원의 의무와 권리 조정 등)으로써 조합의 응집력을 더 강화하는 것이다. 그러나 이는 학생회의 정치적 대표성을 강화하는 데에는 무력할 수 있다는 점, 활동이 충분히 매력적이지 않다면 학생들을 학생회로 끌어들이기는커녕 스스로 고립되는 결과를 초래할 수 있다는 점 등의 한계가 있다.

또 다른 예로 공개적으로 학생들의 정치적 입장을 대변하고 학생회 간부들을 육성하며 학생회 집권을 목표로 하는 조직(일종의 정당)을 도입하는 개혁을 수행하는 방향을 생각해볼 수 있다. 이 경우에는 현재의 학생회 모델을 (한국에서 채택하고 있는 것과 같은) 대의민주주의적 모델에 가깝게 재편하는 것이라고 할 수 있다. 이렇게 변화를 수행하게 되면 최소한 정치적 갈등들이 제대로 표현되지 못해 발생하는 대표성의 위기나 조직의 부재로 인해 발생하는 효용성의 위기는 다소간 해결할 수 있을 것이다. 또 대부분의 대학에서 출마자 개인에게 전가되고 있는 선거운동 비용 부담도 조직 내 재원 마련을 통해 경감할 수 있다는 장점이 있다. 그러나 이 경우에도 국가와 학생회의 서로 다른 조건(집권의 매력도 차이*)으로 인한 한계는 존재할 수밖에 없다.

물론 이와 같은 급진적 학생회 구조 변화를 도모할 때에는, 어떤 모델을 지향하든 간에, 피할 수 없는 질문이 있다. 누가 고양이의 목에 방울을 달 것이냐는 질문이다. 조합주의적 개편이든, 대의민주주의적 개편이든, 그것은 기존의 학생회 구조와 근본적으로 상이한 것이라는 점에서 기존 학생회를 지탱하고 있는 제도들을 완전히 폐기하고 새로운 제도들을 도입할 것을 요청한다. 그리고 그 과정에는 기존 제도들의 관성이 갖고 있는 저항이 존재하기 마련이다. 예컨대 학생회는 '회칙'이라는 자체적인 규범을 갖고 있다. 이 규범을 수정하기 위해서는 그 제도를 수용하고 있는 학생회 구성원들 다수의 동

---

* 총학생회의 권한이 대통령이나 국회의원의 권한과는 비교도 할 수 없이 작은 상황에서 집권을 위해 각종 비용을 기꺼이 지출하는 정당과 같은 조직이 형성될 수 있는지 의심스럽다는 뜻이다.

의가 필요하다. 그렇지 못할 경우에 새로 탄생한 학생회는 민주적 정당성이 취약한 상태로 위태롭게 출발할 수밖에 없을 것이다. 이는 학생회의 위기로부터 학생의 탈주체화가 발생하고 있는 상황에서, 거꾸로 학생회의 위기를 해결하기 위해 학생주체가 요구되고 있는 역설을 보여준다. 학생회는 자신의 머리카락을 잡아당겨 늪에서 스스로를 건져 올려야 하는 처지에 놓인 셈이다. 결국 어떤 카리스마를 지닌 학생 대표자가 학생사회의 정치적 공론장을 일시적으로 복원해 급격한 개혁을 시도하거나, 학생회 내에 전담 특별기구를 설치하여 지속적이고 점진적인 정책 도입을 통해 변화해가는 등의 돌파구들이 따로 모색될 수밖에 없다. 방향만이 아니라 그것을 실천하기 위한 실질적인 정치전략도 고민의 대상이 되어야 하는 셈이다.

그럼에도 불구하고 그 어떤 돌파구도 보이지 않는다면 어떻게 해야 할까? 학생회에 근본적인 변화를 도입하자는 말은 보다 극단적으로 해석하면 학생회의 해소까지도 고려를 한다는 뜻이다. 학생회 스스로의 시대사적 한계나 소명의 소멸을 인정하고 해소하는 것도 하나의 길로서 고려될 수 있다.(이 말은 대학 내 정치의 필요성을 부정하는 것은 아니다. 오히려 이는 학생회가 아닌 다른 형태의 정치적 제도가 필요하다는 말에 가깝다.) 스스로를 생산적으로 해체하는 것이야말로 학생회가 지닌 역량의 한 표현방식일 수 있다. 이러지도 저러지도 못한 채 위기 속에서 천천히 괴사하다가 사라지는 것, 학생들의 무관심 속에서 비상대책위원회만 근근이 꾸리다가 학생총회 한 번 못 열어보고 사라지는 것은 앙상한 죽음에 불과하다. 그러나 충분한 토론을 거친 후에 학생총회나 총투표를 통해 학생회가 해소된다면 이때의 학생회 해소는 후대에까지 이어지는 유의미한 질문들을 산출하는 풍요로운 죽음이 될 수도 있다.

학생회 해소가 위기에 대응하는 한 방법이 될 수 있다는 사실은 우리가 왜 학생회를 위기에서 구해내야만 한다고 생각하는지 다시금 되돌아보게 만든다. 학생회가 위기라면 그냥 사라지게 내버려두면 안 된단 말인가? 왜 학생회여야 하는가? 마지막으로 이 질문에 대해 논의하면서 글을 마무리하고자 한다.

오늘날 학생정치의 필요성은 그 어느 때보다 높아지고 있다. 왜냐하면 지금 대학은 지속불가능한 조건 위에 놓여 있기 때문이다. 학령인구는 급속도로 줄어들고 산업구조는 변동하고 있다. 이 상황에서는 대학이 아무리 현 상황을 유지하고 싶어도 유지할 수가 없다. 학과의 정원을 채우기는 더더욱 힘들어질 것이고, 학과 간 연구자 수와 투자의 비중도 달라질 것이다. 이러한 변화의 흐름 속에서 지금 한국을 포함한 세계의 대학들은 새로운 대학 모델로의 전환을 꾀하고 있다. 그러나 이 방향을 논하는 논의의 장에 학생의 목소리는 전혀 들리지 않고 있다. 기업의 이윤에 종사하는 지식을 생산하도록 대학을 보다 더 기업화시키자는 자본권력의 주장, 국가의 통제와 지원 아래서 대학의 질적 관리와 구조조정이 필요하다는 국가권력의 주장, 대학을 보다 더 자율적으로 경영할 수 있게 각종 규제를 완화해달라는 사학권력의 주장만 넘쳐날 뿐이다. 학생들이 바라는 대학이나 대학 운영의 민주성과 지식 생산의 공공성을 논하는 주장은 한국 사회에서 전혀 반향을 일으키지 못하고 있는 것이다.

이를 가장 상징적으로 드러내주는 것이 반값 등록금 의제의 부침浮沈이다. 2011년부터 2013년까지만 해도 등록금을 둘러싼 사회적 논쟁은 무척이나 뜨거웠다. 반값 등록금 집회가 연달아 대규모로 개최되었으며 연예인이나 사회적 명사들이 반값 등록금 집회에 결합하기도 하는 등 반값 등록금 이슈에 대한 사회적 주목도는 상당히 높았다. 당시 대선후보들은 이런 사회적 분위기에 떠밀려 앞다퉈 반값 등록금을 공약으로 삼겠다고 공언했고 실제로 당시 대선에서 당선되었던 박근혜 전 대통령도 반값 등록금을 공약 중 하나로 내세웠다. 반면

박근혜 전 대통령의 탄핵으로 2017년 시행된 조기대선에서 대선후보들은 반값 등록금을 공약으로 내걸기는 했지만 핵심 공약으로 부각시킨 경우는 거의 없었다.* 오히려 교육 관련 정책에서는 저출산에 따른 육아 비용 문제가 핵심적으로 부각되었고 대학에 관한 논의는 거의 이뤄지지 않았다. 특히 대학이라는 공간이 변화하는 시대적 조건에 발맞춰 어떤 공간으로 변화해나가야 하는지에 대한 비전을 제시한 후보는 단 한 사람도 없었다. 한편 19대 대선 대학생 요구 실현을 위한 전국 대학 학생회 네트워크(줄여서 '대대넷')에서 대학생들의 요구 관철을 위한 각종 활동들을 전개했지만 그 반향은 2011년에 비할 바가 아니었다. 대대넷의 공론화 과정을 통해 여러 대학에서 입학금이 폐지되는 등 중요한 성과들을 거두기도 했으나 이러한 성과들은 학생 대중의 적극적인 지지와 결합에 의한 것이라 보기는 힘들었다. 문재인 정권이 들어선 이후 논의된 대학에 관한 문제도 등록금 문제를 포함하여 대학 자체를 어떻게 개혁할 것인지에 대한 내용보다 대학 입시에 관련된 내용으로만 겉돌았다. 6년 만에 반값 등록금을 비롯한 대학 문제가 이상하리만큼 고요한 침묵 속으로 삼켜진 셈이다.

* 그나마도 반값 등록금을 전면적으로 실시하겠다는 공약보다 저소득층을 중심으로 한 장학금 수혜범위 확대와 학자금 대출 이자를 줄이겠다는 공약이 더 많았다.

대학이 불가피한 변화의 흐름 속으로 들어가고 있는 이때 학생들의 입장을 대변하는 학생정치가 침묵을 벗어나지 못한다면 어떻게 될까? 여태껏 그래왔던 것처럼 권력의 중심에서 멀리 떨어진 학생들과 대학 내 약자들(비정규직 노동자들과 강사들)만 사회변화의 부담과 비용을 고스란히 떠안아야 할 것이다. 이러한 전망을 예증하는 사례는 이미 우리 주변에서 흔하게 찾아볼 수 있다. 대학이 국가·기업들에게 돈을 받아 융합인재를 기르는 대학을 설치하고자 기존 학과를 통폐합하려고 시도하거나, 수천억씩 적립금을 쌓아놓고도 학교 재정 문제로 인해 청소노동자들의 수를 줄이려고 시도하려는 경우들을 우리는 이미 목도했지 않은가? 이런 비극을 되풀이하지 않기 위해서라도 학생정치는 복원되어야 한다.

학생정치를 복원하기 위한 가장 빠른 길은 무엇일까? 지금 우리에게 새로운 것을 창안할 역량도 번뜩이는 아이디어도 없다면 그것은 학생회의 위기를 극복하는 것이다. 비록 많이 약화되었다고 하나, 학생회만큼 광범위한 학생들로부터 대표성을 인정받는 조직을 새롭게 창출하기란 요원하기 때문이다. 또한 앞서도 밝혔지만 학생회야말로 국가권력의 억압에 맞서 보다 더 민주적인 대학과 사회를 만들기 위한 사명을 가진 조직이었던 만큼 오늘날에도 다양한 권력들의 횡포에 맞서 민주적인 대학과 사회를 만드는 운동으로 나아갈 잠재성을 갖추고 있기 때문이다. 설령 학생회의 복원이나 연장이 답이 아니라고 생각하더라도, 학생회의 위기에 대한 대응은 중요한 함의를 갖는다. 학생회가 보유하고 있는 자원들(기록들, 학생회 활동가들, 상징성, 학교당국과의 협상테이블에 참여할 권한 등)은 그저 배척할 것이 아니라 흡수해야 할 귀중한 자원이 될 수 있다는 점, 학생회는 학생정치가 붕괴하기 전까지 무언가 새로운 시도를 해볼 수 있는 시간벌이가 되어줄 수 있다는 점, 학생회가 직면한 위기에 성실히 대응하지 않고 그저 비켜나가기 위한 대안을 만들 경우에는 학생회가 겪었던 위기를 똑같이 겪고 붕괴하지 않으리라는 보장이 없다는 점 등에서 그러하다.

유력한 대안이 떠오르고 있지 않은 현 상황에서 학생회는 그야말로 오래된 미래다. 아직 달성되지 않은 대학의 민주화라는 문제의식을 선취하고 있었으나 이제는 오래되어 그 역사가 단절될 위기에 처한 학생운동의 결과물이라는 점에서 그렇다. 현재 우리에게 주어진 가장 유력한 선택지는 이 오래된 미래를 새로운 미래로 재가공하는 길이 아닐까.

[부록] 학생회에 대한 추가적인 설명

본문은 학생회에 대해서 어느 정도 관심을 가진 독자를 상정하고 썼였다. 그래서 학생회의 구조나 개념에 대해서 생소한 사람들에게는 잘 이해가 가지 않을 수 있다. 이를 위해서 학생회의 구조와 용어에 대한 간단한 설명을 부록으로 덧붙인다. 다만 학생회의 구조와 용어는 해당 학생회를 구성하는 회칙에 따라서 조금씩 차이가 있으므로 다음의 내용은 대략적인 참고자료로만 활용하기 바란다.

기본 개념 풀이

의결기구: 학생사회의 중요한 사안에 대해서 결정을 내리는 회의체

집행기구: 의결기구에서 결정된 사안을 바탕으로 구체적인 사업을 운영하는 기구

학생회: 본래는 의결기구와 집행기구를 포함, 특정 단위에 소속된 학생들을 모두 아우르는 정치공동체를 이르는 개념이다(광의의 '학생회'). 예컨대 특정 총학생회는 특정 대학에 다니는 모든 학생들을 포괄하는 개념이며 해당 대학의 모든 학생들은 자동적으로 해당 총학생회의 회원이기도 한 것이다. 그러나 학생 대중과 학생회 사이의 연결고리가 희박해진 오늘날에는 학생회는 의결기구와 집행기구만 일컫는 경우가 많다(협의의 '학생회'). 본문에서는 후자의 뜻으로 주로 쓰였다.

학생회장단: 학생회의 대표인 회장과 부대표인 부회장을 함께 일컫는 말. 광의의 '학생회'를 대표하기 때문에 의결기구의 의장이자 동시에 집행기구의 수반이 된다.

학생회칙: 줄여서 '회칙'. 학생회의 집행, 의결, 구성이나 학생회원의 권리와 의무 등에 대해서 밝혀놓은 학생사회의 성문화된 규범을 말한다.

총학생회의 구조

학생운동과 학생회의 연관에 대해서 설명한 부분에서 간단히 언급하였으나, 총학생회의 구조는 기본적으로 상향식 의사결정을 전제로 한다. 학생 대중들로부터 정치적 의견이 제출되면 대표자들을 통해 대변되어 보다 상위의 의결 기구에서 의견으로 제출되고 이것이 채택되면 그 의결기구의 영향 아래에 있는 학생자치 단위들 전체가 그 결정사항을 따르는 것이다. 예컨대 모든 학생자치 단위를 포괄하는 학생총회나 전체학생대표자회의에서 정해진 내용은 모든 학생자치 단위가 따르는 것이며, 한 단과대학에 소속된 학생자치 단위를 포괄하는 단과대학 운영위원회에서 정해진 내용은 해당 단과대학의 학생자치 단위들이 따라야 한다.

총학생회에는 학생 단위와 직접 연결되지 않고도 작동하는 기구들도 있다. 특별위원회, 특별기구 등 다양한 명칭으로 불리는 단위는 자기만의 독자적인 전문영역이나 기존의 학생회와 다른 대표성을 갖고 있는 경우(복학생위원회, 여학생회 등)가 많다.

의결 기구	집행 기구

학생총회/학생총투표
: 비정례회의체, 주로 전체학생대표자회의의 발의로 개회가 결의되며, 전체 학생의 약 10퍼센트 이상(기준은 학교마다 다름)의 의결정족수를 갖는다.

↑

전체학생대표자회의
: 정례회의체, 한 학기에 한 번꼴로 개회하는 경우가 많다. 학생총회를 제외하면 실질적으로 가장 높은 수준의 의결기구이다. 학생사회 전반의 중요 결정 사항(총학생회장단 탄핵 등)에 대해서 의결한다.

↑

총운영위원회/중앙운영위원회
: 정례회의체, 한 주에 한 번꼴로 개회하는 경우가 많다. 단과대학 혹은 그에 준하는 대표성을 지닌 단위(중앙동아리연합회, 과/반이 아닌 학부로 운영되는 학생회 단위 등)의 대표들이 의결하는 회의체다. 실질적이고 세부적인 총학생회 운영 계획을 세우며, 전체학생대표자회의에 올라갈 안건들을 심의하기도 한다.

모든 학생자치 단위의 집행기구들
: 여기에는 각 단위 집행위원회 혹은 집행부만 속하는 것이 아니라 프로젝트팀의 형식으로 구성되는 특별위원회나 특정 단위의 집행부와 독립적으로 자신만의 전문영역을 갖고 운영되는 특별기구, 비상설집행기구인 선거관리위원회 등도 전부 포함된다.

총학생회 집행부/중앙집행위원회
: 상설집행기구, 일반적으로 총학생회를 가장 좁은 의미로 쓸 때 이 집행기구만을 일컫는다. 대학 축제, 교육권 투쟁 등 전체 대학 차원에서 학생의 요구를 충족시키기 위한 사업들을 주로 전개한다.

단과대학 총회

: 비정례회의체, 단과대학이나 그에 준하는 단위에 속한 세부 단위들에 속한 모든 학생들이 의결하는 회의체. 단과대학의 중요 사안(예를 들어 단과대학 학생회장단 탄핵 등)을 다룬다.

단과대학 운영위원회

: 정례회의체, 한 주에 한 번꼴로 개회하는 경우가 많다. 단과대학이나 그에 준하는 단위에 속한 세부 단위의 대표자들이 참석하는 의결 기구다.

단과대학 집행위원회(집행부)

: 상설집행기구. 단과대학 학생회 차원의 사업들을 주로 집행한다. 예컨대 단과대학에 소속되어 있는 동아리들을 위한 지원 사업이나 단과대학 커리큘럼이나 시설에 대한 학생 의견 개진 등.

과/반 총회

: 정례회의체, 한 학기에 두 번꼴(개강총회, 종강총회)로 개회하는 경우가 많다. 과/반에 속한 모든 학생들(그러나 일반적으로는 의결정족수의 현실성을 감안하여 활동이 활발한 1~3학년 학생들)이 의결하는 회의체.

과/반 운영위원회

: 정례회의체, 과/반에 속한 학생들이 의결하되 정족수를 총회보다 완화하고 보다 자주 개회한다. 전체 총학생회의 가장 밑바탕이자 근본이 딘디는 의미에서 기층단위라고도 부른다.

과/반 집행위원회(집행부)

: 상설집행기구. 과/반 학생회 차원의 사업들을 집행한다. 신입생들을 위해서 신입생 학번 대표를 따로 둠으로써 신입생의 의견을 전달받아 과/반 학생회 사업을 구성하는 데 반영하는 경우도 있다.

총학생회의 개략적인 구조

닫는 글
대학을 바꾸기 위한 '대학'이라는 실험장

고등교육은 국가의 정책으로 집행된다. 그리고 이 정책의 절대적인 영향과 사학재단의 운영 방향에 따라 '한국 대학'이 구성된다. 그래서 우리는 대학 문제를 해결하기 위해 여러 정책들을 구상하고 또 제안하기도 한다. '국공립대 네트워크'나 '정부책임형 사립대' 등이 대표적인 방안이다. 물론 좋은 대안들이고, 계속해서 발전시켜야 하는 논의이지만 결국 이를 실행할 정치세력이 없다면 불가능하다. 그렇다면 우리는 대학의 지속 가능성에 지대한 관심이 있는 정치세력이 집권하기 전까지 대학을 방치할 수밖에 없을까? 당연히 그렇지 않다.

결국 대학을 대학으로 만드는 것은 그 안에서 가르치고 배우는 사람들이다. 이러한 사람들이 없다면, 대학은 그저 번쩍이는 건물밖에 남지 않는다. 그것은 빌딩이라고 부를 수 있을지 몰라도, 대학이라고 부를 순 없을 것이다. 그렇기에 대학을 대학으로 만드는 사람이 대학을 변화시킬 수 있는 핵심적인 주체다. 그리고 이러한 움직임은 대학 안과 밖에서 '대학' 그 자체를 실험장으로 만드는 행위로 구현될 수 있다.

같은 대학이라고 해서 하나의 동일한 모습을 갖출 필요는 없다. 또한 지금의 현실에서 "대학이 이러한 방향으로만 가야한다"고 단언할 수 있는 사람은 없다. 그렇다면 각자의 공간에서 '대학'을 실험장으로 만들고, 배우고 싶은 것과 가르치고 싶은 것을 연결하여 실천에 옮기는 것이 유일한 방법일 것이다. 오히려 그것이 초기의 대학모델과 닮아 있으며 또 대학 내 구성원들의 자치를 복원하는 길과도 맞닿아 있다.

이러한 관점에서 이 책을 집필하기 시작하면서, 우리는 '이상한 대학교'라는 실험을 시도했다. 대학 밖에서 대학을 바꾸기 위한 대안 대학을 만들어보기로 한 것이다. 2019년 1월, '대학보다 더 대학다운 대안대학' '현실보다 이상을 꿈꾸는 대안대학'을 슬로건으로 이상한 대학교를 설립했다. 오픈베타 강의를 통해 대학을 구성하는 철학과 역사 등을 공부했고, 이를 바탕으로 도시를 주제로 1학기 강의 프로그램도 진행했다. 수십여 명의 참가자들과 함께 대학 밖에서 우리가 이상적으로 추구하는 대학을 만들기 위해 여러 가지 실험에 도전해보았다.

처음에는 예산이 없어서, 또 실무자도 없어서 곤란했지만 2019년 여름이 지난 현 시점에서 이상한 대학교는 2학기 운영이라는 또 다른 실험을 앞두고 있다. 결국 대학에 대한 문제의식은 소수의 것만이 아니다. 이상한 대학교에는 대학을 다니다가 회의감이 들어서 그만둔 사람, 대학에 진학할지 말지 고민하는 사람, 대학에 진학하지 않기로 결심한 사람, 대학에 다니고 있지만 문제의식을 공유하는 사람 등 다양한 이들이 모였다. 이는 단지 우연이 아닐 것이다. 그만큼 한국의 대학은 낡았고, 스스로 극복할 것이라는 희망이 부재한 상황이다.

대학의 위기라고는 하지만, 결국 대학은 또다시 어디선가 새로운 모습으로 등장할 것이다. 그 공간이 어디일지 아직은 알 수 없지만, 적어도 대학을 고민하는 이들이 모여 있는 곳이어야 할 것이다. 우리는 그중 하나의 공간으로 이상한 대학교를 기획하고 있다. 부족한 원고를 읽어주신 독자들에게 감사하고, 글을 넘어 행동으로 더 나은 대학을 위해 함께하고자 하는 동료들이 있다면 언제나 환영이다.

2019년 10월

김창인